W0231050

Einführung

Tour 9

Tour 1

Tour 10

Tour 2

Tour 11

Tour 3

Anhang

Tour 4

Tour 5

Tour 6

Tour 7

Tour 8

001bo Abb.: pg

Reise Know-How im Internet

Aktuelle Reisetipps und Neuigkeiten
Ergänzungen nach Redaktionsschluss
Büchershop und Sonderangebote
Weiterführende Links zu über 100 Ländern

www.reise-know-how.de
info@reise-know-how.de

Wir freuen uns über Anregung und Kritik.

Peter Günther

Inline-Skaten Bodensee

Der Bodensee ist eine große Wasserfläche,
die wie ein Stück Himmel aussieht,
in Erde gerahmt,
um Gott als Spiegel zu dienen.

Alexandre Dumas

Impressum

Peter Günther
Inline-Skaten Bodensee
erschienen im
REISE KNOW-HOW Verlag Peter Rump GmbH
Osnabrücker Straße 79, 33649 Bielefeld

Herausgeber: Klaus Werner
© Peter Rump
1. Auflage 2002
Alle Rechte vorbehalten.

Gestaltung

Umschlag: G. Pawlak, P. Rump (Layout), K. Werner (Realisierung)
Inhalt: G. Pawlak (Layout), K. Werner (Realisierung)
Fotos: Eva-Tatjana Tietze (ti, S. 23); K2 Ski, Sport + Mode GmbH
(K2, S. 23, 24, 30); Peter Günther (pg)

Druck und Bindung

Fuldaer Verlagsagentur

ISBN 3-8317-1041-4
Printed in Germany

Dieses Buch ist erhältlich in jeder Buchhandlung der BRD, Schweiz
und Niederlande sowie Österreichs und Belgiens. Bitte informieren
Sie Ihren Buchhändler über folgende Bezugsadressen:

BRD
  Prolit GmbH, Postfach 9, 35461 Fernwald (Annerod)
  sowie alle Barsortimente
Schweiz
  AVA-buch 2000, Postfach 27, CH-8910 Affoltern
Österreich
  Mohr Morawa Buchvertrieb GmbH
  Sulzengasse 2, A-1230 Wien
Niederlande, Belgien
  Willems Adventure
  Postbus 403, NL-3140 AK Maassluis

Wer im Buchhandel trotzdem kein Glück hat, bekommt unsere
Bücher direkt bei: **Rump Direktversand,** Heidekampstraße 18,
D-49809 Lingen (Ems) oder über unseren **Büchershop im Internet:**
www.reise-know-how.de

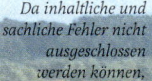

*Wir freuen uns über
Kritik, Kommentare
und Verbesserungs-
vorschläge.*

*Alle Informationen
in diesem Buch sind
vom Autor mit
größter Sorgfalt
gesammelt und vom
Lektorat des Verlages
gewissenhaft
bearbeitet und
überprüft worden.*

*Da inhaltliche und
sachliche Fehler nicht
ausgeschlossen
werden können,
erklärt der Verlag,
dass alle Angaben im
Sinne der Produkt-
haftung ohne Garan-
tie erfolgen und dass
Verlag wie Autor
keinerlei Verantwor-
tung und Haftung
für inhaltliche
und sachliche Fehler
übernehmen.*

*Die Nennung von
Firmen und ihren
Produkten und ihre
Reihenfolge sind als
Beispiel ohne
Wertung gegenüber
anderen anzusehen.*

Peter Günther

Inline-Skaten
Bodensee

Inhalt

8 Vorwort
10 Hinweise zur Benutzung
11 Wo darf man skaten?

13 Einführung

14 Auf 8 Rollen am Bodensee
17 Inlineskaten im Urlaub
19 Öffentliche Verkehrsmittel
21 Material und Wartung
26 StVO und Versicherungsschutz
31 Tipps zum sicheren Skaten
35 Brems- und Falltechniken

39 Tour 1

An der Costa del Sol –
von Friedrichshafen nach Meersburg

49 Tour 2

Am Überlinger See –
von Unteruhldingen nach Bodman (Radolfzell)

60 Tour 3

Drei Seen und der Rhein –
von Radolfzell nach Konstanz

70 Tour 4

Kulttour auf der Insel Reichenau

79 Tour 5

Über die wilde Höri –
von Radolfzell zum Schlössle

89   Tour 6

Der Fjord –
von Stein am Rhein nach Steckborn

98   Tour 7

Am Schweizer Ufer –
von Konstanz nach Romanshorn

108 Tour 8

Am „Lago di Arbon" –
von Romanshorn nach Rorschach

120 Tour 9

In der Bregenzer Bucht –
von Bregenz nach Lindau

129 Tour 10

Buchten, Schilf und Strände –
von Lindau nach Friedrichshafen

141 Tour 11

Auf dem Rheindamm ins Heidiland

155 Anhang

156   Service, Inline-Kurse und Vermietung
157   Tourismus-Informationsstellen
159   Infos zum Inline-Skating
160   Literaturtipps
167   Register
174   Übersichtskarte
176   Über den Autor

Vorwort

Der Bodensee gehört zu den besten Inline-Regionen in Europa: Skate-Routen von 300 km Länge reihen sich wie ein Gürtel um das Schwäbische Meer. Der Bodensee ist damit „very skatable".

Die in diesem Guide beschriebenen Touren führen durch drei, wahlweise sogar vier Länder (Schweiz, Fürstentum Liechtenstein, Österreich und natürlich Deutschland) und durch abwechslungsreiche und schöne Landschaften. Sie verlaufen vorwiegend am Ufer oder in Ufernähe. Durchs Rheintal geht's aber auch in die Schweizer Bergwelt und unter 3000 m hohen schneebedeckten Gipfeln auf durchweg ebenen Wegen ins Heidiland. Naturschutzgebiete und mannshohe Schilfwälder liegen ebenso auf den Routen wie Kulturlandschaften, etwa die Klosterinsel Reichenau mit mediterranem Flair und den ältesten Kirchen Deutschlands.

Für Radler gilt die beliebte Bodenseeumrundung längst als Topp-Tipp. Radguides und Radkarten zum Thema Bodensee gibt es en masse. Ganz anders geht es Inlineskatern: Radkarten sind kaum brauchbar, weil diese keine oder nur sehr mangelhafte Auskunft über den Fahrbahnbelag geben. Auch die aufwändig gestaltete Beschilderung des Bodenseerundweges hilft selten weiter, weil der offizielle Bodensee-Radweg nicht immer beskatebar ist.

Dieser Guide präsentiert deshalb erstmalig ein geschlossenes Streckennetz, auf dem sich nahezu der gesamte Bodensee auf Inlineskates umrunden lässt. Die Touren können aneinandergereiht, beliebig verlängert und dem eigenen Leistungsstand angepasst werden.

Inline-Strecken stellen jedoch so hohe Anforderungen an den Belag, die Sicherheit und die Regeln der Straßenverkehrsordnung, dass immer ein paar Kompromisse eingegangen werden müssen: Bei wenigen Touren ließen sich 300–400 m Schotter-piste nicht vermeiden, in Einzelfällen empfiehlt es sich abzuschnallen, zum Beispiel an verkehrsrei-chen Kreuzungen. Im Verhältnis zur Gesamtstrecke sind diese Unterbrechungen jedoch so selten, dass sie beim Tourenfahren praktisch nicht ins Gewicht fallen. Viele Touren bieten sogar so hervorragende Eigenschaften, dass sie auch für sportliches Fahren auf schnellen Skates ideal sind. Wer also schwer-punktmäßig ein Fitnesstraining auf Skates im Auge hat und gezielt nach geeigneten Speed-Strecken sucht, der findet in diesem Guide Hinweise auf die besten Routen und Streckenabschnitte am See.

Die Infos zur Sicherheit oder Hinweise zu Gefah-renpunkten bei den Touren wurden mit großer Sorgfalt zusammengestellt, wenngleich sie natürlich nicht ersetzen können, selbst immer vorausschau-end und überlegt zu fahren. Aber sie vermögen zu sensibilisieren und sind deshalb eine große Unter-stützung beim Tourenfahren auf fremden Strecken: So findet man nicht nur mühelos die besten Routen, sondern man ist auch noch wesentlich sicherer un-terwegs als beim Tourenfahren auf eigene Faust!

Wie jede Sportart erfordert Inlineskaten Wissen, um Verletzungen zu vermeiden. In dem Kapitel „Si-cher Skaten" wurden Insidertipps zusammengetra-gen, die selbst für „alte Hasen" noch interessant sind. Zum sicheren Skaten gehört auch die Kenntnis der Regeln der Straßenverkehrsordnung, die in Deutschland, der Schweiz und Österreich jeweils unterschiedlich ausfallen. So kommt man gesund und flott auf den schönsten Inlineskate-Strecken um den Bodensee, die sich nach aufwändiger Recher-che finden ließen. Man erschließt sich damit eines der aufregendsten Inlineskate Gebiete Europas.

Viel Spaß!
Peter Günther

Hinweise zur Benutzung

Alle Routen sind übersichtlich nach dem folgenden System aufgebaut:

- **Überblick:** Ein kurzer Abriss, was einen auf der Route erwartet, mit Hinweisen zur Landschaft und Besonderheiten der Route.
- **Auf einen Blick:** Die wichtigsten Fakten zur Tourenplanung, wie Schwierigkeitsgrad, Gefälle, Belag (z. B. Asphalt, Pflastersteine o. a.), Sicherheit (mit Hinweisen auf Gefahrenpunkte), Länge der Tour, Eigenschaften (Speedskaten, Fitness, Erkundungstour), Anfahrt und Rückfahrt.
- **Charakter der Tour:** Detailliertere Informationen zur Landschaft und zu den Sehenswürdigkeiten an der Strecke, der besondere Reiz an dieser Tour und mehr.
- **Tipps und Infos:** Sehenswürdigkeiten in der Region werden vorgestellt. So lässt sich Sightseeing mit Inlineskaten verbinden.
- **Sonstiges:** Infos zu attraktiven Cafés, schönen Strandbädern oder was es sonst noch Wissenswertes zu sagen gibt.
- **Die Route:** Die Strecken- und Wegbeschreibung für unterwegs.
- **Connecttouren:** Hierbei handelt es sich um Verbindungsstücke zwischen den Haupttouren oder Anschlussstrecken, die öfter vorgeschlagen werden (z. B. in Touristen-Broschüren etc.), die sich aber in den meisten Fällen nicht ohne Hindernisse skaten lassen. Diese Routen werden präsentiert und diskutiert. Connecttouren sind in der Übersichtskarte verzeichnet. Die Beschreibungen befinden sich immer am Ende des Kapitels: Zum Beispiel die Beschreibung von Connect 8 C am Ende der Tour 8.

Wo darf man skaten?

Skaten ist in Deutschland juristisch gesehen nur auf Geh- und Fußwegen erlaubt! Die Schweiz und Österreich haben eigene Verordnungen. Mehr darüber im Kapitel „StVO und Versicherungsschutz".

Leider hinkt die Gesetzgebung in Sachen Inline-Skating noch immer hinterher: Die modernen Sportgeräte, mit denen sich lange Strecken zurücklegen und hohe Geschwindigkeiten erreichen lassen, werden offiziell als „Spielzeug" eingestuft. Dieses Gesetz hat Konsequenzen:

 Man darf mit Inline-Skates keine öffentlichen Straßen befahren (was auch richtig ist!), man darf in Deutschland aber auch keine Radwege benutzen!

Erlaubt sind derzeit nur Geh- und Fußwege und auch dort darf man sich nur halb so schnell wie ein Jogger fortbewegen: Das juristische Tempolimit liegt bei 5-7 km/h.

Teile dieses Regelsystems sind auch heute noch sinnvoll. Sie dienen nicht nur dem Schutz aller Ver-

Hier ist Skaten erlaubt:

Gehwege *Verkehrberuhigte Bereiche* *Fußgängerbereiche*

11

kehrsteilnehmer, sondern vor allem der Inline- Skater selbst. In der Realität werden Skater zwar von den Behörden geduldet, wenn Sie etwa auf Landwirtschafts- oder Radwegen fahren. Das heißt, sie können unbehelligt ihrem Sport nachgehen, wenn sie sich angepasst und rücksichtsvoll verhalten. Das ändert jedoch nichts an der bestehenden Rechtslage, die etwa für die Klärung der Schuldfrage bei Unfällen sehr bedeutend sein kann!

 Die Strecken in diesem Guide wurden sorgfältig ausgewählt, aber an einigen Stellen ließen sich Radwege, schwach befahrene Straßen oder Wohnstraßen, die von Inline-Skatern, juristisch gesehen, nicht befahren werden dürften, nicht vermeiden. **Wer hier dennoch fährt, tut dies auf eigene Verantwortung!**

Die Gesetze zur Straßenverkehrsordnung stammen aus einer Zeit, in der niemand mit 12 Millionen Skatern in Deutschland gerechnet hat, die auf bremstauglichen Inline-Skates unterwegs sind. Derzeit wird an der Anpassung der Straßenverkehrsverordnungen an die gegenwärtige Situation gearbeitet, beispielsweise werden Analysen zum Inline-Skaten auf Radwegen durchgeführt. Eine Veränderung der Rechtslage ist jedoch noch nicht in Sicht. Es empfiehlt sich deshalb dringend, die Hinweise in dem Kapitel „StVO und Versicherungsschutz" aufmerksam zu lesen und sich unterwegs entsprechend zu verhalten!

Dann allerdings darf man sich freuen: Nach den Zwischenberichten, die im Auftrag der Bundesanstalt für Straßenwesen in Hannover die Integration der Inline-Skater in den „Straßenverkehr" untersuchen, sind Inline-Skates derzeit das sicherste Verkehrsmittel!

Einführung

010bo Abb.: pg

Auf 8 Rollen am Bodensee

Jede der insgesamt 11 Touren in diesem Guide hat einen eigenen **Charakter.** Am Schweizer Arm des Untersees sieht es mal wie im Rheintal, mal wie an einem norwegischen Fjord aus. Nicht weit davon stößt man auf die wilde Halbinsel Höri. Bei Meersburg wirkt der See weit wie das Meer, in der von Bergen umrahmten Bregenzer Bucht hingegen wie ein typischer Alpensee. Es lohnt sich also, mit Inlineskates auf Tour zu gehen, um den Bodensee zu erkunden und sich nicht nur auf einige wenige Strecken zu beschränken.

Nahezu jede Stadt am Bodenseeufer lässt sich mit der Bodenseegürtelbahn oder mit dem Schiff (Fähre) in maximal 30 Minuten anfahren, unabhängig von welchem Bahnhof am Ufer man startet. Somit sind auch alle **Tourenstartpunkte** leicht und mühelos erreichbar.

Die Touren in diesem Guide sind durchschnittlich zwischen 20 und 30 km lang. Eine Tour kommt sogar auf 60 km **Länge** (Tour 11: „Auf dem Rheindamm ins Heidiland"). Natürlich kann man jede Tour schon vorher abbrechen. Da fast alle Touren miteinander verbunden sind, lassen sich die Routen beliebig verlängern, indem man auf der Anschlusstour weiterfährt. Die meisten Wege rund um den See sind zudem vergleichsweise eben. Da Inlineskates nun mal keine Gangschaltung haben, trägt dieser Umstand viel zum Spaß beim Skaten bei.

Am Bodensee gibt es ruhige und einsame Strecken, aber auch Gebiete, in denen sich eine **Inline-Szene** etabliert hat. Auf der Route von Friedrichshafen nach Langenargen trifft man auf Grund idealer Bedingungen beispielsweise jede Menge Inlineskater, vor allem gegen Abend.

Insgesamt verlaufen die Touren durch die Schweiz, Österreich und Deutschland. Wer Lust hat kann Tour 11 auf der linken Seite des Rheindamms fahren und durchquert dabei der Länge nach das Fürstentum Liechtenstein.

 Deshalb darf man auf einigen Touren nicht vergessen, seinen Personalausweis einzupacken!

Kontrolliert wird zurzeit allerdings nur an der Schweizer Grenze. Verlassen kann man sich darauf nicht, also auch bei Fahrten nach Österreich immer den Ausweis einpacken!

An den **Zollstationen** (z. B. Hoechst oder Rheineck), die auf den „Skateways" liegen, werden Skater gewöhnlich durchgewunken, vorausgesetzt, man wedelt schon von weitem mit dem Personalausweis und kommt nicht gerade auf der zweispurigen Autostraße daher. Also – wie immer – auf dem Gehweg skaten!

Obgleich fast alle Wege am See eben sind (Steigungen sind kurz und eher die Ausnahme), sind diese nicht uneingeschränkt für **Inline-Einsteiger** geeignet: Ein Radler, der unvorhergesehen auftaucht oder ein Fußgänger, der plötzlich einen Schritt zur Seite macht, bergen ein nicht zu unterschätzendes Risiko. Auf den Radwegen rund um den See wird zügig gefahren. Das erfordert Sicherheit und Kontrolle über die Inlineskates. Die ersten Fahrversuche sollte man deshalb nicht auf bevölkerten Wegen machen, sondern auf unbefahrenen Plätzen. In der Rubrik „Auf einen Blick" findet man Hinweise auf Streckenabschnitte, die sich für Einsteiger eignen.

Wer seine Skates zu Hause gelassen hat, sich aber nun doch entschlossen hat, am See auf Tour zu gehen, der findet im Anhang Adressen von Sportgeschäften, die **Inlineskates** (in der Regel recht günstig) **vermieten.** Wenn die Technik streikt, sollte man ebenfalls dort nachschlagen: Die meisten

Sportgeschäfte haben **Werkstätten,** wo man die Skates reparieren lassen oder Ersatzteile beschaffen kann.

Wer zusätzlich zu den Routenplänen in diesem Buch eine **Begleitkarte** wünscht, dem kann die Radwanderkarte Bodensee 1 : 100.000 des Landesvermessungsamtes empfohlen werden. Wer mit dem Auto unterwegs ist, verwendet am besten die Generalkarte Marco Polo Blatt 6 (Baden Württemberg 1 : 200.000).

Zum Schluss ein paar Worte zum **Baden am Bodensee.** Es gibt in fast jedem Ort am See hübsche und meist liebevoll gepflegte Strandbäder, oft sogar mit zusätzlich beheiztem Freibad. Es lohnt sich also in jedem Fall, die Badehose einzupacken, mal eine Pause einzulegen und sich im kühlen Nass zu erfrischen. Infos zu den besten Bädern am See findet man jeweils unter den Touren!

Der Bodensee in Fakten und Zahlen

- **Fläche:** 571,5 qkm. Damit ist der Bodensee der drittgrößte See Europas (nach dem Plattensee und dem Genfer See) und umfasst etwa ein Viertel der Fläche des Saarlandes.
- **Uferlänge:** 273 km, davon entfallen 72 km auf die Schweiz, 28 km auf Österreich und 173 km auf Deutschland.
- **Tiefste Stelle:** 254 m
- **Durchschnittliche Tiefe:** 85 m
- **Gliederung:** Obersee (das „Meer"), Überlinger See und Untersee
- **Größter Zufluss:** der Rhein
- **Tourismus:** jährlich 6 Millionen Übernachtungen
- **Entstehung:** Der See ist relativ jung und im Laufe der letzten Eiszeit (150.000 - 5000 v. Chr.) durch den Rheingletscher entstanden. Überbleibsel dieser Gletscherarbeit sind Moränenhügel im Hinterland (mächtige, teils 700 m hohe Wälle). Deshalb kann man im Umland nur selten skaten!

Inlineskaten im Urlaub

Der Bodensee bietet ideale Bedingungen, um im Urlaub schwerpunktmäßig zu skaten, also um einen richtigen Inline-Urlaub zu verbringen.

Geeignete Ferienorte

Die meisten Orte am See eignen sich gut als Ausgangspunkt für lange Touren und damit für einen Inline-Urlaub. Da man mit Inlineskates nur mit Mühe (Gepäckproblem) mehrtägige Touren unternehmen kann, sollte man sich an einem Ort niederlassen und von dort aus – wenn nötig – mit öffentlichen Verkehrsmitteln zu den Startpunkten der jeweiligen Tour fahren (zur Hochsaison sind die Bundesstraßen stark verstaut). Wichtig für den **geeigneten Ausgangsort:**

- Der Ort sollte einen Bahnanschluss haben.
- Man sollte direkt vom „Lagerplatz" aus skaten können. Das geht fast überall, außer am „Schweizer Arm" des Untersees.

Die folgenden Ferienorte sind geeignete Ausgangspunkte für einen Inline-Urlaub am Bodensee. Bei den Tourismusverbänden erhält man Auskünfte und kann gegebenenfalls Informationsmaterial zur Region anfordern. Zur Hochsaison (Juli/August, Pfingstferien) ist eine rechtzeitige Reservierung der Unterkunft dringend zu empfehlen!

Überlingen

Lebendige schöne Stadt. Das West-Bad von Überlingen gehört zu den besten Bädern am See. Gute Zugverbindungen nach Radolfzell, Friedrichshafen und Lindau.

- Infos: Kurverwaltung Überlingen, Landungsplatz 14 (am See), 88662 Überlingen, Tel. (07551) 99 11 22, Internet: www.ueberlingen.de

- **Campingplatz:** Camping-Park Überlingen (Goldbach), am Ortsausgang Richtung Sipplingen direkt an Tour 2 und am See. Bahnhofstr. 57, Tel. (07551) 6 45 83.

Allensbach

Kleiner, ruhiger Ort, nicht weit von Konstanz. Gute Zuganschlüsse nach Radolfzell/Konstanz. Der Ort liegt direkt an einer „Speedstrecke".

- **Infos:** Kultur- und Verkehrsamt Allensbach, Rathausplatz 2, 78476 Allensbach, Tel. (07533) 63 40.
- **Campingplatz:** Camping Allensbach (beim Strandbad). Nur 250 m von der Tour 3 entfernt, direkt am See/Strandbad. Tel. (07533) 64 20.

Lindau

Nähe zu den Alpen.

- **Infos:** Verkehrsverein Lindau, Bahnhofplatz (gegenüber Hauptbahnhof), Postfach 13 25, 88103 Lindau, Tel. (08382) 26 00 30, Internet: www.lindau.de.
- **Campingplatz:** Park-Camping Lindau am See, an Tour 9, etwas außerhalb Richtung Österreich. Tel. (08382) 7 22 36.

Grundkenntnisse im Inlineskaten

- *Richtiges Fallen*
- *Sicheres Bremsen (auch an starken Gefällen/Notbremsungen)*
- *Sicherer Stand (auch an Gefällen)*
- *Sicheres Überqueren von Fußgängerampeln u. Ä.*
- *Überwinden von Hindernissen (Bordsteine, Kopfsteinpflaster …)*
- *Kenntnisse der Gefahrenquellen*

Inlineskate-Kurse

Inline-Einsteiger sollten in jedem Fall einen Skate-Kurs absolvieren, bevor sie am Bodensee auf Tour gehen. Zahlreiche Sportgeschäfte bieten günstig Kurse an, meist sogar wöchentlich (Adressen im Anhang). Gerade im Urlaub kann man sich stressfrei und konzentriert mit dem Inlineskaten auseinandersetzen. Man hat Zeit und wird voraussichtlich schnell Fortschritte machen. Wer einen Skate-Kurs absolviert, beherrscht im Normalfall nach einigen Wochen die ↗Grundkenntnisse.

Das hört sich an, als müsste man noch mal den Führerschein machen, aber so kompliziert ist es nicht. Das Gute am Skaten ist, dass man sich anfangs gar nicht vorstellen kann, wie leicht es ist. Man schaut jemandem zu, der mühelos ein steiles Gefälle meistert und denkt: „Das schaff ich nie" und nach kurzer Zeit ist man mit fachkundiger Anleitung selbst so weit.

Öffentliche Verkehrsmittel

Am schnellsten und bequemsten lässt sich der Bodensee auf Inlineskates erkunden, wenn man die öffentlichen Verkehrsmittel bei seiner Tourenplanung einbezieht: Man fährt eine Etappe mit Inlineskates und gelangt mit öffentlichen Verkehrsmitteln wieder zurück.

Züge und Busse

Zugstrecken verlaufen (meist tourenbegleitend) um das gesamte Bodensee-Ufer, man kann also fast überall mit der Bahn wieder zurückfahren. Die Züge verkehren in der Regel im 30-Minutentakt, teilweise auch stündlich.

Ausnahme: Auf der Halbinsel Höri gibt es keine Bahnanbindung! Hier muss man auf den Bus zurückgreifen (fährt nur bis ca. 19.00 Uhr, meist stündlich – am Wochenende und an Feiertagen vorher erkundigen).

Zwischen Friedrichshafen und Überlingen gibt es keine tourenbegleitende Bahnlinie: Die Züge verkehren über Salem durchs Hinterland.

▶ Fast jeder größere Ort am Bodensee hat eine Schiffsanlegestelle

Fährverbindungen

- **Meersburg – Konstanz:** Günstige stadteigene Fähre. Fahrzeit ca. 15 Minuten.
- **Romanshorn – Friedrichshafen:** teuer, aber manchmal praktisch. Fahrzeit: ca. 40 Minuten.

Schiffsverbindungen

Schiffe pendeln zur Hochsaison regelmäßig zwischen fast jedem Hafen am Untersee und Obersee. Für die Planung interessant sind vor allem die „kreuzenden Linien" (z. B. Überlingen – Wallhausen oder Überlingen – Dingelsdorf), da man so das Umfahren des Sees ersparen kann. Betrieb oft nur bis 18.00 Uhr. Fahrpläne und Information gibt es an jeder Anlegestelle oder unter:

- **Deutschland:** BSB Konstanz, Hafenstraße 6, Tel. (07531) 28 13 89
- **Schweiz:** SBB Romandshorn, Tel. 0041 (7146) 3 34 35. SGURh (Untersee) Schaffhausen, Tel. 0041 (52) 6 25 42 82
- **Österreich:** Schifffahrt Bregenz, Tel. 0043 (5574) 4 28 68

Material und Wartung

In diesem Kapitel findet man Infos zu den Themen Inlineskate-Kauf, Eigenschaften und Wartung der Skates. Wer sich ausgiebig zu dem Thema informieren möchte (z. B. „Wie schaffe ich mühelos längere Distanzen?"), sei auf das Handbuch „Inline Skating" in der gleichen Reihe verwiesen (siehe Anhang), wo Wissenswertes zur Auswahl des Material in Hinblick auf individuelle Bedürfnisse und spezielle Einsatzbereiche zusammengetragen wurde.

Hardboot oder Softskates?

806bo Abb.: k2

Zurzeit sind ↗Softboots („Schnürstiefel") im Trend, vor allem weil diese „Turnschuhfeeling" bieten, atmungsaktiver sind und fortgeschrittene Skater von einem Plus an Bewegungsfreiheit profitieren. ↗Hardboots lassen sich allerdings schneller an- und ausziehen (Schnallenbindung) und bieten Anfängern besseren Halt. Aber ob Hardboot oder Softskate – letztlich muss der Schuh bequem sein, schließlich ist man darin stundenlang unterwegs!

▲ **Softboots**
Weiche Stoffaußenhaut. Werden geschnürt und „geschnallt".
Hier Tourenmodell von K2

▼ **Hardboots**
Harte Kunststoffaußenschale, nur Schnallenbindung.

Größe und Härte der Rollen

005bo Abb.: ti

Drei Faktoren bestimmen in großem Maße die Einsetzbarkeit und damit die Eigenschaften der Inlineskates: Die Rollengröße (ca. 72–80 mm), die Anzahl und die Härte der Rollen.

Modewort „ABEC"

*ABEC heißt „Annular Bearing Engineering Comitee"
und bezeichnet die Verarbeitungsgenauigkeit des Lagers.
Ein ABEC-1-Lager ist qualitativ aber nicht unbedingt
schlechter als ein ABEC-5-Lager. Die Präzision der
Verarbeitung ist keine ausreichende Information über
die Qualität des verwendeten Materials: Werden zu
billige bzw. zu weiche Materialien verarbeitet (z. B.
schlechter Stahl), verzieht sich das Lager bei geringen
Belastungen und der Präzisionsschliff oder -guss ist
nutzlos. Nur bei harten und widerstandsfähigen Materialien (z. B. gehärteter Stahl) bringt die Präzision der
Verarbeitung eine dauerhafte Verbesserung der Lauf-
eigenschaften. Bei Billiglagern mit hohen ABEC-Werten
(z.B. in Supermärkten) ist also Vorsicht angesagt!
Einen echten Faktor für die Qualität des Lagers (etwa als
Produkt aus Härte des Stahls und Verarbeitungsgenauigkeit) gibt es bislang nicht, aber die führenden Skate-
Hersteller (z. B. K2, Salomon) verwenden in der Regel
hochwertige Materialien. Weiterhin sind Titanium- oder
Keramiklager von Natur aus „hart" (aber auch sehr
teuer!). Mehr Infos hierzu findet man im Praxis-Band
„Inline Skating".*

Die Rollengröße

- 76 mm (Mittelmaß) bietet gute Allroundeigen-
schaften.
- 78-82 (große Rollen) bieten stabilen Geradeaus-
lauf bei hohem Tempo. Sie eignen sich für lange
Strecken, auf denen schnell gefahren werden
kann. Nachteile: Große Rollen sind nicht so wen-
dig und vor allem für Anfänger nicht geeignet.
Speedskates haben große und zudem 5 Rollen
(statt nur vier).

Härte der Rollen

Harte Rollen (Maßangabe in Durameter – z. B. „84 A" ist hart) haben weniger Reibungswiderstand und sind „schneller" als weiche Rollen. Sie rutschen aber auch leichter, bieten weniger Halt und sind damit für Anfänger nicht geeignet. Wendige Manöver und schnelle Spurwechsel erfordern gute Haftung, also weichere Rollen.

Weiterhin ist der geeignete Härtegrad von der Bodenbeschaffenheit abhängig (feiner Asphalt = härtere Rollen; rauer Asphalt = weichere Rollen). Ein gutes Mittelmaß ist 78–82 A. Speedskater fahren 78 A bis 86 A.

Wartung der Skates

Rollen austauschen

Inliner-Rollen fahren sich einseitig ab. Um den Abrieb zu verringern, aber auch um Stabilität auf den Rollen zu garantieren, muss man sie regelmäßig gegeneinander austauschen. Dabei wird die hintere Rolle mit der vorderen vertauscht. Auch die beiden mittleren untereinander und dabei jeweils die Innenseiten nach außen drehen, so dass die abgelaufenen Seiten nach außen zeigen. Beim Anziehen der Schrauben darauf achten, dass man zwar fest, aber nicht mit Gewalt zuzieht: Die ↗Spacer könnten sonst beschädigt werden.

Spacer
Zylinder um die Achsen

Lager reinigen und fetten

Vor allem Wasser ist Gift für die Lager und zwar aus zwei Gründen: Feuchtigkeit schadet den Schmiermitteln, zugleich wird Schmutz in die Lager transportiert. Gute Lager sollten sich öffnen lassen, damit diese gereinigt werden können. Wenn die Lager (etwa bei Regen) nass geworden sind, sollten sie sofort danach gereinigt werden. Hierzu spült man diese mit einem Fettlöser (Geschirrspülmittel oder

▶ *Selbstverständlich komplette Schutzausrüstung: Helm, Handschützer, Ellenbogenschützer und Knieschützer*

Waschbenzin) aus, trocknet sie anschließend (Föhn) und fettet sie danach mit einem speziellen Öl ein (in Sportgeschäften erhältlich).

Schrauben kontrollieren

Man sollte regelmäßig kontrollieren, ob die Rollen fest verschraubt sind. Die Befestigungsschrauben neigen wegen der hohen Vibrationen beim Skaten dazu, sich zu lockern. Auf Tour empfiehlt sich die Mitnahme eines Spezialschlüssels.

Ausrüstung für unterwegs

Unbedingt erforderlich

❏ **Schutzausrüstung:** Helm, Hand-, Ellenbogen-, und Knieschützer
❏ **Verbandszeug:** Gehört, wie beim Radeln, immer in den Rucksack (Desinfektionsmittel, Mullbinden, Kompressen, Pflaster)

Weiterhin empfehlenswert

❏ **Turnschuhe:** Auf längeren Touren sollte man Turnschuhe im Gepäck haben. So lassen sich die

Skates bei Pausen zur Entspannung abschnallen und man kann mit dem Bus oder Zug zurückfahren, wenn dies erforderlich ist.

❏ **Windjacke, Pulli**

❏ Radsport-Trikots und Hosen sind so beschaffen, dass der Schweiß vom Körper ferngehalten wird (synthetische Stoffe). Zugleich sind sie atmungsaktiv und schnelltrocknend. Das dichte Gewebe (Windschutz) verhindert zusätzlich die Auskühlung des Körpers. Trotzdem empfiehlt sich die Mitnahme von **Ersatz-Wäsche** (T-Shirt, Pulli, Socken). So ist man am Ziel trocken, kann ungestört „sightsee"en" oder was trinken gehen.

❏ **Ersatzteile und Werkzeug:** Ersatzlager, -rolle und -achse, Inbusschlüssel

❏ **Papiertaschentücher** (für alle Fälle und zum Hände reinigen)

❏ **Getränke:** Reichlich Mineralwasser oder Apfelschorle

❏ **Müsliriegel** (möglichst ohne raffinierten Zucker) als leichte Energiespender zwischendurch.

❏ **Personalausweis:** Bei grenzüberschreitenden Inline-Touren nicht vergessen!

❏ **Handy:** Mobiltelefone sind natürlich für den Fall der Fälle eine feine Sache.

Vom Regen überrascht

Wenn möglich, sollte man bei Regen abschnallen: Die Rollen rutschen selbst in den Abdruckphasen weg, vom Kurvenfahren und Bremsen ganz zu schweigen. Wenn man keine Wahl hat, sollte man vorsichtig weiterfahren und die Lager zu Hause reinigen.

Sehr nützlich

❏ **Skate-Rucksäcke:** Die Rucksäcke sind so beschaffen, dass sich die Inlineskates aufschnallen lassen, wenn sie transportiert werden müssen. Die Systeme funktionieren gut, wenn man damit Übung hat. Während des Skatens kann man die Turnschuhe außen befestigen und hat Platz für Getränke, Verpflegung und anderes.

StVO und Versicherungsschutz

Die Kenntnis der Regeln der Straßenverkehrsordnung ist nicht nur Voraussetzung für sicheres Skaten, sondern vor allem im Hinblick auf die Schuldfrage und Haftung bei Unfällen wichtig.

Hier steht so manches, was man nicht erwarten würde. Mangelndes Wissen kann teuer werden! Obgleich die Regeln der Straßenverkehrsordnung nicht „up to date" sind und sicher an einigen Stellen nachgebessert werden müssen, bringen sie nicht nur Nachteile mit sich: Beispielsweise dürfen Skater im Gegensatz zu Radlern auf Gehwegen fahren! Die Verordnungen regen außerdem zu einer bewussten Auseinandersetzung mit der Thematik „Skater im Verkehr" an und können so mitwirken, das Unfallrisiko herabzusetzen! Hinzu kommt, dass die Schweiz, Österreich und Deutschland jeweils eigene Verordnungen haben!

In Deutschland

 Rauf auf den Gehweg! Nie auf der Straße!

Der Gehweg ist die „Straße der Skater", zumal der Gesetzgeber das auch so will. Im Klartext: Skater dürfen nicht auf öffentlichen Straßen fahren (wo sie auch wirklich nichts zu suchen haben), sondern müssen auf den Gehweg! Das gilt natürlich auch für alle Touren in diesem Guide. Auch wenn die Straße noch so schwach befahren ist, soll der Gehweg benutzt werden!

„Im Verkehr" – links oder rechts?
Rechtlich gesehen, sind Skater zwar so etwas wie Fußgänger, trotzdem gilt: Auf allen Wegen (auch auf dem Gehweg) immer rechts fahren! Überholt wird links (auch Fußgänger).

Betrachten wir es als Vorteil: Der Umstand, dass Skater Gehwege benutzen dürfen, trägt enorm zur Sicherheit beim Skaten bei!

Höchstgeschwindigkeit

Auf Geh- und Fußwegen darf man nicht schneller als 7 km/h fahren (Zum Vergleich: Ein Jogger läuft zwischen 15 und 20 km/h). Des Öfteren ist diese Regelung sinnvoll, weil kein Mensch auf den Bürgersteigen mit so hohen Geschwindigkeiten rechnet, wie Skater sie erreichen.

Fußgänger haben immer recht!

Besondere Vorsicht ist gegenüber Fußgängern geboten. Fußgänger rechnen nämlich nicht mit schnellen Skatern auf den Gehwegen.

Da der Gehweg das Reich der Fußgänger ist, haben sie in jedem Fall Vorrang, so will es das Gesetz. Anders ausgedrückt: Fußgänger sind auf den Gehwegen auch dann im Recht, wenn sie zum Beispiel unerwartet einen Schritt zur Seite oder durch ein Gartentürchen treten, ohne sich umzusehen, ob gerade jemand seine Rennskates ausprobiert. In diesem Fall sind Skater schadensersatzpflichtig, denn die StVO erlaubt Skaten auf Gehwegen nur, wenn Fußgänger nicht behindert werden. Raserei auf dem Gehweg kann also teuer werden!

Fuß-Rad-Kombiwege

Skater dürfen nur auf Fußwegen fahren. Hierzu gehören zum Glück auch Rad-Fuß-Kombiwege, also Wege, die von Radlern und Fußgängern gemeinsam benutzt werden dürfen. Genauer gesagt: Skater werden geduldet. Inlineskater dürfen nur unter der Voraussetzung auf Rad-Fuß-Kombiwegen fahren, dass weder Fußgänger noch Radler behindert werden. Kommt es zu Unfällen, sind Skater fast immer schadensersatzpflichtig!

Häufig sind Rad- und Fußwege durch einen Grünstreifen oder eine Markierung getrennt. In Deutschland müssen Skater auf den Fußgängerstreifen!

Radwege

Reine Radwege dürfen von Inlineskatern in Deutschland nicht befahren werden. Wenn man nun doch mit seinen Skates auf reinen Radwegen herumtollt, dann muss man eines wissen: Da man juristisch gesehen hier überhaupt nicht fahren darf, hat man gegenüber den Radlern auch keinerlei Rechte. Bei Unfällen sind Skater praktisch immer schadensersatzpflichtig! Also aufpassen, sonst bezahlt man noch für die Fehler der anderen!

Radstreifen

Radstreifen, die nur durch eine Fahrbahnmarkierung von der Straße abgetrennt sind, sind sowohl in der Schweiz, in Österreich als auch in Deutschland absolut tabu! Hier hat ein Skater nichts zu suchen!

Bahnanlagen

Das Befahren von Bahnanlagen mit Inlineskates (auch Bahnhöfe, Bahnsteige) ist in Deutschland, in Österreich und auch in der Schweiz verboten! Wer also mit dem Zug fährt, muss schon vor dem Bahnhof abschnallen! Diese Regelung ist in jedem Fall gerechtfertigt: Auf Bahnsteigen haben Inlineskater nichts zu suchen, selbst wenn sie völlig sicher auf Skates stehen: Ein unbeabsichtigter Stoß eines Passanten genügt, um auf die Gleise zu stürzen! In den Zügen gefährdet man die anderen Fahrgäste!

In der Schweiz und in Österreich

Auch in der Schweiz und Österreich werden Inlineskates rechtlich als Spielzeug eingestuft und die Folgen sind trotz der moderateren Formulierung einiger Punkte ähnlich wie in Deutschland. Öffentliche Straßen dürfen in der Regel nicht und wenn, dann nur in begrenzten Ausnahmefällen benutzt werden. Hier tut sich eine rechtliche Grauzone auf.

> ! In der Schweiz und Österreich stößt man oft auf **Radstreifen, die nur durch gelbe Fahrbahnmarkierungen von der Straße abgetrennt sind.** Skater haben auf diesen Streifen nichts zu suchen und dürfen diese nicht benutzen!

Besonderheiten in der Schweiz

Radwege: In der Schweiz ist das Befahren von Radwegen nicht prinzipiell verboten (Radstreifen ausgenommen). Skater werden geduldet. In der Schweiz entscheidet auf kombinierten Fuß-Rad-Wegen die Vernunft: Man benutzt die Spur, auf der andere Verkehrsteilnehmer am wenigsten behindert werden.

Rechtliche Grauzone Fahrbahn: Laut Schweizer Verkehrsverordnung (VRV) gilt „Auf der Fahrbahn, ausgenommen verkehrsarme Straßen (z. B. in Wohnquartieren), sind Spiel und Sport untersagt, namentlich Fahren mit (...) Rollschuhen, Rollski ...“ Für die Praxis heißt das: Nahezu alle öffentlichen Straßen sind von der Benutzung ausgenommen!

Besonderheiten in Österreich

Die StVO in Österreich gleicht den Schweizer Verordnungen.

Radwege dürfen befahren werden, wenn andere Verkehrsteilnehmer nicht behindert werden. Außerdem ist natürlich die vorgeschriebene Fahrtrichtung einzuhalten.

Öffentliche Straßen dürfen nicht benutzt werden, ausgenommen Fußgängerzonen und Wohnstraßen.

Kinder unter 12 Jahren dürfen nicht ohne Aufsicht einer Person, die das 16. Lebensjahr vollendet hat, auf Straßen mit öffentlichem Verkehr fahren (also auch Schutzwege), wenn sie nicht Inhaber eines Radfahrausweises gemäß § 65 sind.

Versicherungsschutz

Haftpflichtversicherung

Eine Haftpflichtversicherung sollte generell jeder haben. Diese übernimmt Schadensersatzansprüche, die bei Unfällen und Beschädigungen gegen Privatpersonen geltend gemacht werden könnten. Auf Grund der oft zweifelhaften und nicht immer verständlichen Rechtslage ist gerade für Inlineskater diese Versicherung unabdingbar.

Unfallversicherung

Von den gesetzlichen Versicherungen werden nicht uneingeschränkt alle Zahlungen übernommen, die bei Unfällen (auch ohne Schuldanteil) entstehen könnten. Nicht nur Inlineskater, sondern jeder Freizeitsportler, insbesondere Radfahrer und Skifahrer, sollten sich deshalb nach einer privaten Unfallversicherung erkundigen.

▼ Inline-Skaten ist auch ein Gemeinschaftserlebnis

Unfallversicherungen unterscheiden sich in den Leistungen: Diese reichen von Transport- und Bergung bis zu Leistungen bei Invalidität. Hier sollte

040bo Abb. k2

man am besten verschiedene Angebote verglei-
chen. Ein Rundum-Versicherungspaket bietet der
DIV (Deutscher Inline-Skate Verband) für ca. 50 €.
Darin enthalten sind Diebstahl-, Haftpflicht- (spezi-
ell für Skater), Inline-Skater-Rechtschutzversiche-
rung und Unfallversicherung.

**Deutscher Inline-
Skate Verband e.V.**
*Bergstraße 20,
64342 Seeheim-
Jugendheim.
Tel. (06257) 962236.
Internet:
www.d-i-v.de*

Einführung

Tipps zum sicheren Skaten

Schutzausrüstung tragen

Selbstverständlich: Immer die volle Schutzausrüstung tragen. Eitelkeit ist völlig fehl am Platz, auch der
beste Skater stürzt hin und wieder! Mit Protektoren
übersteht man Stürze in der Regel verletzungsfrei!
Über 50 % der skatebedingten Verletzungen sind
auf fehlende Schutzausrüstung zurückzuführen! Die
meisten Unfälle ereignen sich
durch mangelndes Wissen und
Können!

Zu den **Protektoren** gehören:
- Handschützer
- Ellenbogenschützer
- Knieschützer
- Helm
- Hüftschützer (gibt es inzwi-
  schen auch)

Unterarmschutz

*Ellenbogenschützer, die außer dem
Ellenbogen und Oberarm vor allem
auch den Unterarm weitgehend
abdecken, sind besser. In Sets sind sie
meist nicht enthalten!*

Gefahrenquelle Teerstreifen

Manche Hindernisse hat man tausendmal berührt
und nie ist was passiert. Dazu gehören Teerstreifen
zur Asphaltausbesserung. Sehr gefährlich werden
diese jedoch an warmen und heißen Tagen: Die Bi-
tumenmasse wird zu einem zähen Klebstoff mit
ganz besonderer Haftfähigkeit bei Skater-Rollen. Er-
gebnis: Man macht eine unfreiwillige Vollbremsung

und zwar vorzugsweise auf einem Skate. Alles, was danach folgt, sieht aus wie ein dreifacher Rittberger.

Durch diesen Schleuder- und Dreheffekt besteht zudem die Gefahr, von straßenbegleitenden Wegen (z. B. Gehweg) auf die Fahrbahn katapultiert zu werden und schlimmstenfalls mit Autos zu kollidieren! Hier ist also immer ganz besondere Vorsicht angesagt.

Gefahrenquelle parallel verlegte Platten

Breite Fugen zwischen den Platten können zu Spurrillen werden, in denen sich der Skate verkantet, abgebremst oder ungünstig geführt wird. Schlimmstenfalls kommt es zum Sturz. Parallel verlegte Platten muss man immer so anschneiden, dass man nicht parallel zu den Fugen fährt (wedelnd Fahren!).

Überqueren von Kreuzungen und Gefahrenstellen

Das Überqueren von Straßen und Kreuzungen gehört zu den häufigsten Unfallursachen beim Skaten! An Gefahrenstellen benutzt man deshalb Zebrastreifen oder Fußgängerampeln, selbst wenn dafür Umwege in Kauf genommen werden müssen. Ein Ausrutscher bzw. Sturz auf der Straße an einer ungesicherten Stelle kann fatal enden!

Beim Überqueren von befahrenen Straßen an ungesicherten Stellen immer abschnallen!

Nicht in Rückenlage geraten!

Die Protektoren bieten nur beim Sturz nach vorne guten Schutz. Bei Rückwärtsstürzen ist die Verletzungsgefahr deshalb trotz Schutzausrüstung wesentlich höher. Eine der zentralsten Regeln beim Skaten lautet deshalb: Nie in Rückenlage kommen!

Regen, Nässe, Laub

Die völlig profillosen Röllchen taugen nicht für die nasse Fahrbahn. Außerdem riskiert man, die nicht gegen Wasser abgedichteten Lager zu beschädigen. Auf Waldpassagen kann es auch an Sommertagen noch feucht sein.

Laub, vor allem nasses Laub, erhöht natürlich die Rutsch- und Sturzgefahr. Laub – auch trockenes Laub – ist zudem heimtückisch: Die Blätter können sich zwischen den Rollen verfangen und einen der Skates plötzlich blockieren!

Skaterschleudern

Kein Fußgänger würde je auf diese Dinge achten, aber genau diese sind für Skater wichtig: Ästchen, Steinchen, Risse im Asphalt und Ähnliches können einen schnell aus der Bahn katapultieren. Die Fahrbahn also immer im Auge behalten!

Steinchen „im" Stopper

Steinchen können sich zwischen Stopper und Röllchen verkannten, die Rolle blockieren und so den Skate plötzlich abbremsen. „Abfahrten" also immer in mäßigem Tempo fahren, schließlich sind auch die besten Wege keine Skipisten!

Get the feeling

Inlineskaten erfordert eine andere Aufmerksamkeitsverteilung als Rad fahren. Man muss immer die Fahrbahn im Auge behalten und diese laufend auf Unebenheiten und Stolpersteine „abscannen". Inlineskaten stellt deshalb hohe Anforderungen an die Konzentration und Koordination, wobei Anfänger häufig überfordert sind. Auch wenn dieser Prozess im Laufe der Zeit automatisiert und damit erleichtert wird, gehört das Mehr an Konzentration dazu. Diese ständige Konzentration schafft zusammen mit dem dynamisch-rhythmischen Gleitgefühl das charakteristische „Inline-Feeling", das süchtig macht: Gute Inlineskater nehmen ihre Umgebung intensiver wahr!

Inlineskaten mit Kindern

Mit kleinen Kindern, die das schulpflichtige Alter noch nicht erreicht haben, sollte man auch in Begleitung Erwachsener nicht auf Tour gehen, selbst dann nicht, wenn sie schon ganz gut auf Skates stehen und die Touren sehr leicht zu fahren scheinen: Inlineskaten stellt – wie das Radfahren – nicht nur hohe Anforderungen an das Koordinationsvermögen, sondern auch an die Fähigkeit, sich im Verkehr zu bewegen, zu reagieren und sich zu behaupten.

⚠ Kleine Kinder werden – vor allem auf den bevölkerten Bodenseerundwegen – leicht übersehen. Das Unfallrisiko ist schon deswegen größer als bei Erwachsenen.

⚠ Zusammenstöße, die für einen Erwachsenen glimpflich ablaufen würden, können für kleine Kinder lebensgefährlich sein! Das Verletzungsrisiko ist wesentlich höher als bei Erwachsenen.

⚠ Auch mit älteren Kindern ist Vorsicht geboten. Nur Streckenabschnitte und und Fußwege befahren, die wenig bevölkert sind. Vor allem nicht auf befahrenen öffentlichen Straßen! Keine Touren fahren, in denen ausdrücklich auf Gefahrenpunkte (z. B. Überqueren befahrener Kreuzungen) hingewiesen wird. Nicht auf Gehwegen entlang stark befahrener Straßen skaten!

Brems- und Falltechniken

Brems- und Falltechniken stehen am Anfang jeder Inline-Ausbildung, denn ihre Beherrschung ist Voraussetzung für sicheres Skaten! Im Rahmen dieses Buches können nur die wichtigsten Grundtechniken vorgestellt werden, wie der „Heelstopp", bei dem die Bremse der Skates, der „Stopper", zum Einsatz kommt. Darüber hinaus sollte man sich aber auch mit anderen Brems- und Fahrtechniken auseinandersetzen. Detaillierte Infos hierzu findet man im Praxis-Handbuch „Inline Skating" (s. Anhang) mit Beschreibungen unterschiedlichster Brems- und Fahrtechniken. Ihre Kenntnis ist Voraussetzung für ein rundum sicheres Fahrgefühl und trägt damit viel zu Spaß und Freude beim Inlineskaten bei.

Richtig fallen

Um es vorweg zu sagen: Fallen gehört beim Inlineskaten dazu. Skates sind eben anfälliger als ein Fahr-

▼ *Beim Fallen nach vorn lässt man sich auf die Protektoren fallen*

rad, ein übersehenes Steinchen kann bereits einen Sturz auslösen. Aber die richtige Falltechnik ermöglicht zusammen mit der Schutzkleidung, Stürze unbeschadet zu überstehen.

Fallen nach vorne

Die wichtigste Falltechnik ist das Fallen nach vorne. Diese muss man kontinuierlich üben, zumal die korrekte Technik vom natürlichen Verhalten abweicht: Beim Sturz ohne eingeübte Falltechnik neigt man zum Aufrichten des Körpers und Durchstrecken der Gelenke, man fällt nach hinten! Die Protektoren entfalten ihre volle Schutzwirkung aber nur bei Stürzen nach vorne!

Falltechnik in Phasen

1. *Die Angst vor dem Fall nach vorne muss abgebaut werden! Deshalb veranschaulicht man sich zunächst mental, dass ein Sturz nach vorne auf die sechs Protektoren schmerzlos ist.*
2. *Zunächst übt man im Stand. Die Knie werden nach innen gebeugt, man lässt sich auf die Knieschoner fallen. Dann haben die Ellenbogen- und Handschützer Bodenkontakt. Der Fall erfolgt also auf alle sechs Protektoren!*
3. *Es kostet zunächst Überwindung, sich aus dem Stand nach vorne fallen zu lassen. Nach einigen Versuchen stellt man fest, dass der Sturz schmerzlos ist, die Erfahrung wird verinnerlicht.*
4. *Jetzt kann man die Übung mit geringem Tempo wiederholen. Man lässt sich aus der Fahrt nach vorne auf die Schützer fallen.*
5. *Durch regelmäßiges Üben wird die Technik automatisiert und unvorhergesehene Stürze werden gefahrlos überstanden.*

Fallen zur Seite und nach hinten

Beim Fall zur Seite und nach hinten bieten Handschützer und Ellenbogenschützer nur begrenzten Schutz.

🖊 Kopf bzw. Kinn an die Brust drücken: So wird verhindert, dass der Kopf auf die Fahrbahn schlägt.

🖊 Ellenbogenschützer nicht zu weit auf dem Oberarm tragen. Betroffen beim Sturz ist auch der Unterarm.

Richtig bremsen

Es gibt zahlreiche Methoden, mit Skates zu bremsen. Beim **T-Stopp** lässt man einen Skate annähernd im rechten Winkel zur Fahrbahn nachschleifen, so dass eine Bremswirkung entsteht.

Dreh- und Abschwingmanöver (fast wie beim Skifahren oder Eislaufen) haben extreme Bremswirkung (Nachteil: starker Rollenabrieb).

Auch die **Pflugbremse,** allen Skifahrern bekannt, ist auf Skates möglich.

Eine einfache, aber nur eingeschränkt einsetzbare Methode ist der so genannte **Rasenstopp**, bei dem man die Asphaltfahrbahn „joggend" verlässt und auf dem Randstreifen (Gras- oder Erdboden) kurze Zeit mit den Inlinern „weiterläuft", um die rapide Tempominderung auszugleichen. Die meisten dieser Techniken werden in Skate-Kursen vermittelt.

Das wichtigste und unerlässlichste Bremsmanöver für den Fitness-Skater ist der **Heel-Stopp**, wobei der Stopper – also der Bremsklotz an einem der Inlineskates – auf die Fahrbahn gepresst wird. Diese Technik wird hier ausführlich vorgestellt. Man sollte sich aber in jedem Fall mit allen Bremstechniken auseinandersetzen.

Der Heelstopp

Beim Heelstopp genügt es nicht, dass der Stopper Bodenberührung hat: Der Bremsklotz muss kräftig und massiv auf die Fahrbahn gedrückt werden. Hierzu muss man Körperspannung aufbauen, um die auftretenden Gegenkräfte zu kompensieren.

Der Bremsvorgang besteht aus zwei Phasen, einer Einleitungsphase und einer Bremsphase, die aber beim perfekten Stopp in Bruchteilen von Sekunden aufeinanderfolgen.

Einleitungsphase

1. Einnehmen der Grundstellung beim Bremsen:
   - Absenken der Hüfte,
   - In die Knie gehen,
   - Schrittstellung.
2. Gewichtsverlagerung auf das hintere Bein. So kann man die Zehenspitzen des vorderen Bremsbeines anheben, der Stopper bekommt Bodenberührung.

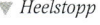

▼ *Heelstopp*

003bo Abb. pg

Bremsphase

1. Der Körper stemmt sich jetzt gegen die Fahrrichtung: Deswegen Körperspannung aufbauen!
2. Gewichtsverlagerung auf das vordere Bein, ohne dass sich die Gesamtposition (Schrittstellung) wesentlich verändert. Der Stopper wird so – unterstützt durch das Körpergewicht – massiv auf die Fahrbahn gedrückt. Das hintere Bein hat jetzt nur noch stabilisierende Wirkung.
3. Durch Druck mit beiden Händen auf das Knie des Bremsbeins wird die Bremswirkung verstärkt.

Tour 1

An der Costa del Sol – von Friedrichshafen nach Meersburg

Überblick

An der sonnenverwöhnten Küste zwischen Friedrichshafen und Meersburg fallen statistisch gesehen die wenigsten Niederschläge. An den Bodensee-Ufern und am breiten See glaubt man sich am Meer. Nicht nur Weinreben fühlen sich hier wohl, sondern auch Palmen gedeihen prächtig. Meersburg und Hagnau gehören außerdem zu den großen touristischen Zentren am Bodensee.

Aber zugegeben: Zwischen Friedrichshafen und Immenstaad liegen auch Industriegebiete auf der Strecke und der Weg verläuft einige Zeit an der befahrenen B 31 entlang.

Auf einen Blick

- **Schwierigeit, Gefälle:** *Für Skater mit Grundkenntnissen. Einige Gefälle zum See hinunter erfordern gute Bremstechnik!*
- **Belag:** *Fast 100 % Asphalt, kurze Pflastersteinpassagen. Bis Immenstaad auf Geh- und Radwegen an der Straße entlang.*
- **Sicherheit:** *Aufmerksamkeit erfordern vor allem die Ortsdurchfahrten (querende Seitenstraßen etc.). Ein steiles Stück vor Hagnau (zwischen Schloss und Campingplatz - 30er Zone!) ist nicht verkehrsfrei: Abschnallen!*
- **Länge:** *Ca. 19 km in einer Richtung.*
- **Eigenschaften:** *Zum Speedskaten nicht geeignet, aber trotzdem zahlreiche schnelle Passagen. Oft getrennte schmale Rad- und Fußwege, auf denen es eng werden kann.*
- **Anfahrt:** *Friedrichshafen kann mit fast allen Verkehrsmitteln erreicht werden: Fähre von Romanshorn, Züge von Lindau, Ulm und Singen, zahlreiche Schiffslinien.*
- **Rückfahrt:** *Achtung! Die Tour wird von keiner Bahnlinie begleitet, da die Bahnlinie von Friedrichshafen nach Überlingen durchs Hinterland (über Salem) verläuft. Man plant also Hin- und Rückfahrt auf Skates ein oder nimmt den Bus zurück.*

Charakter der Tour

Friedrichshafen

Ein Schiff nach dem anderen verlässt die Hafenstadt Friedrichshafen. Die Autofähre nach Romanshorn pendelt laufend über den See. Dass der berühmte Konstrukteur Zeppelin, der hier seine fliegenden Zigarren baute, in der Stadt besonders hochgehalten wird, ist nicht zu übersehen: Es gibt Zeppelinstraßen, Zeppelinstatuen, Gasthöfe „Zum Zeppelin" und natürlich ein Zeppelinmuseum. Die Stadt gehört mit den Flugzeugwerken zu den großen Industriezentren am See.

Friedrichshafen

Zeppelin-Museum: Weltweit größtes Museum zur Geschichte der Luftfahrt. Im ehemaligen Hafenbahnhof (Uferpromenade) steht auch eine rund 40 m lange Rekonstruktion eines Teils des Luftschiffs „Hindenburg" in Originalgröße (Luxuskabinen und Innenleben des Zeppelins). Apr. Di.-So. 10-17, Mai-Okt. Di.-So. 10-18 Uhr. Tel. (07541) 38 01 33.

Tour 1

Mondänes Rivieraflair am alten Landungssteg

Etwa die Hälfte der Strecke führt leider an der befahrenen B 31 – kurzzeitig sogar an den Dornier/DASA-Werken – entlang. Dennoch kommt man an interessanten Plätzen wie an der alten Landungsbrücke vorbei, die etwas vom mondänen Riviera- und Badeflair erahnen lässt, der hier schon vor einem Jahrhundert zelebriert wurde und der Adelige und damit einen ganzen „Schickeria-Tross" an den Bodensee zog.

Erst nach Fischbach taucht das Schloss Kilchberg auf und Weinberge prägen zunehmend die Landschaft. Dann endlich geht's runter zum See. Bei zwei riesigen Campingplätzen tummeln sich Tourer und Urlauber. Man ist in Hagnau angelangt.

Hagnau

Wären da nicht das gute alte Fachwerk und zünftige Namen für die Beizen, man könnte Hagnau fast für einen Urlaubsort an der Adria halten: Straßencafés, Geschäfte mit Sonnenhüten und Sonnenbrillen, Postkarten und alles, was so dazugehört. Die Straßen sind vor allem an Wochenenden voll mit Touristen und Radlern, die zumeist von Meersburg herüberkommen. Der wunderschöne Weg zwischen Weinbergen und dem See nach Meersburg ist die Promeniermeile par excellence. Außerdem führen immer wieder Trampelpfade durch die dichte Uferböschung zu kleinen Strändchen, wo man in Ruhe die Füße ins Wasser hängen kann.

Meersburg

Altes Schloss: *Mittelalterliche Burg, 1137 erstmals erwähnt mit der Atmosphäre einer alten Ritterburg. Hier lebte und schrieb die Dichterin Droste-Hülshoff. Die Wohnräume können besichtigt werden. Zugbrücke über die 14 m tiefe Schlucht. Schlossplatz 10. Tel. (07532) 8 00 00. März-Okt. 9-18.30 Uhr, Nov.-Feb. 10-18 Uhr.*

Droste-Hülshoff-Museum im „Fürstenhäusle": *Original-Dokumente aus ihrem Werk und Anschauungsmaterial aus dem Leben und Wirken der Dichterin. Stettener Str. 9. Tel. (07532) 60 88. Apr.-Okt. tägl. 10-12.30 und 14-17 Uhr. So. und feiertags nur 14-17 Uhr.*

Neues Schloss: *Barockbau hoch über dem See (schöner Ausblick!). Die städtische Gemäldegalerie und das Dornier-Museum sind hier untergebracht. Schlossplatz. Tel. (07532) 41 40 71. 22. März-1. Nov. tägl. 10-13 und 14-18 Uhr.*

Meersburg – Stadtburg am Meer

Über den Weinbergen taucht schließlich das Meersburger Schloss auf. In der ganzen Stadt geht es – vor allem an Wochenenden – turbulent zu. Die Schiffe „parken" in einem der durchnummerierten Anlegestellen, Pendelbusse fahren für einen kleinen Obolus in die Oberstadt und ersparen den mühsamen Aufstieg durch die „Burgstadt". Die Häuser kleben dicht an dicht aneinander und ranken sich den Berg hinauf.

◀ Blick vom Meersburger Schloss

Meersburg ist eine einzige Burg mit steilen Gassen und Winkeln, tief zum See hin abfallenden Mauern, bunten Fassaden und allem, was des Touristen Herz begehrt, vom Imbiss bis zum Schmuckladen. Dass Meersburg seinen Namen nicht von der „Burg am Meer" hat, sondern von eben dieser „Merdesburch", ist eigentlich egal. Wie eine große Burgstadt am Meer sieht es trotzdem aus!

Sonstiges

Gastro
- In **Meersburg** findet man viele Cafés, allerdings sehr touristisch (vor allem an der Uferpromenade). Junges Publikum eher am Hafen und in der Stadt.
- **Kiosk mit Terrasse** kurz nach dem Seebad Fischbach und an den Campingplätzen vor Hagnau.

Strandbäder
- Empfehlenswert: Das kostenlose **Bad in Hagnau.**
- Ziemlich modern: Die **Frei- und Seebadanlage in Fischbach** (mit Sauna, Solarium).
- Ebenfalls modern: Das **Strandbad in Meersburg** mit Rutsche und 33-Grad-Thermalbecken.

Die Route

1 Startpunkt ist die **Uferpromenade** in Friedrichshafen. Wer vom Stadtbahnhof kommt, überquert die Friedrichstraße und kommt über Stufen runter zur Promenade. Hier nach rechts **Richtung Yachthafen.** Dann dem etwas versteckten Links-Schwenk der Promenade **um den Yachthafen herum** folgen. Etwas später kommt man über einen Rechts-Schwenk an die **Olgastraße,** hier links.

2 Vor dem **alten Landungssteg** folgt man dem Rechts-Schwenk, wenig später links in die **Klosterstraße.**

⚠ Gefährliches Eck!

3 Bei der **Schlosskirche** rechts in die **Schlossstraße,** kurz später links in die **Gundstraße,** nach 200 m links in die **Schmidstraße,** der man nun eine zeitlang folgt (Radschilder!). Bei einem **Bahnübergang** weiter geradeaus halten. Nicht dem scheinbaren Rechts-Schwenk folgen.

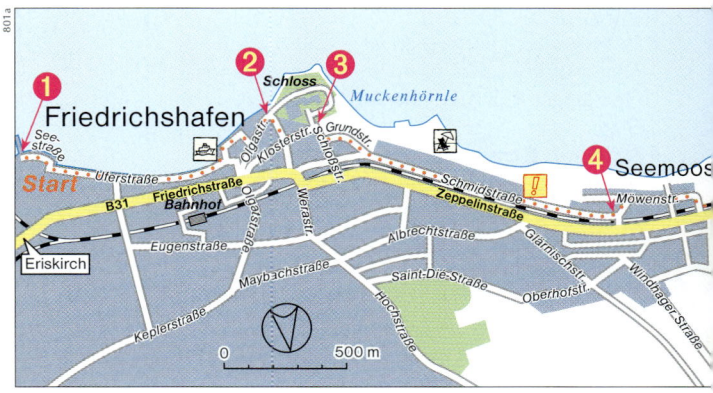

4 Nach ca. 1 km bei Bahnübergang dem **Rad-schild <Meersburg>** nach links folgen. Der-Weg heißt Schwanenweg.

⚠ Gefälle und Verkehr!

Nach 100 m **Radschild** nach rechts in die **Möwen-straße** folgen. Man kommt durch eine **Unter-führung,** danach links an der befahrenen **Zeppe-linstraße** entlang (schmaler Weg!). Man folgt dem Weg bis **Fischbach** und wer nicht zum See weiter will, fährt geradeaus durch den Ort.

 Kleiner Abstecher zum See über Seebad Fischbach? Etwa 300 m nach dem **Ortsschild** von Fischbach fährt man links zum **Frei- und Strandbad Fischbach** runter. Dann dem Rechts-Schwenk zum Bad folgen

⚠ Gefälle und Freibadverkehr!

Beim **Freibadeingang** geradeaus weiter (schmaler Weg). Nach 20 m links zum **See**

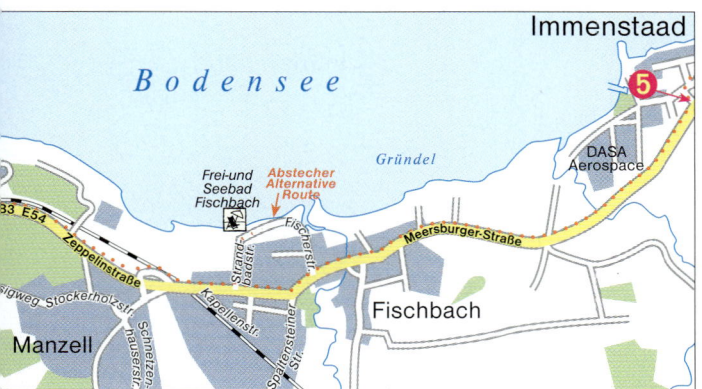

und dann Rechts-Schwenk folgen. Am **Yacht-hafen** rechts. Man kommt wieder zur befahrenen **Zeppelinstraße.** Hier links an dieser entlang. Jetzt ist man wieder auf der Tour.

5 Einige Zeit nach Fischbach kommt man zu den **Dornier/DASA-Aerospacewerken**. Hier aufpassen! Nach Überqueren der **Werksausfahrt** nach links und danach wieder rechts auf den **Radweg.**

6 Der Weg führt nach Immenstaad. In **Immenstaad** aufpassen! Man kommt an eine auffällige Kreuzung mit der **Happenweilerstraße.** Unmittelbar nach dieser Kreuzung führt der **Kniebachweg** nach links zum See runter. Am See rechts in die **Seestraße.** An der Kreuzung am **Hahn- und Hähnchenbrunnen** geradeaus weiter. Etwas später führt auch ein Weg parallel zur Seestraße bis zum **Strandbad Immenstaad.** Hier steil bergauf dem Rechts-Schwenk der **Strandbadstraße** folgen. Erst am Ende der Strandbadstraße links und auf dem Weg parallel zur befahrenen **Hauptstraße** weiter.

7 Beim **Schloss Kilchberg** geht der Weg etwas linksversetzt (aber dann geradeaus!) weiter (immer noch 30er Zone!). Nach etwa 700 m **Links-Schwenk** und steiles Gefälle.

⚠ Gefährliches Gefälle und Verkehr! Abschnallen!

Nach dem starken Gefälle dem **Rechts-Schwenk** der Straße folgen.

8 Der Weg führt zum **Strandbad und Camping Hagnau.** Weiter geradeaus. Gleich am **Orts-eingang** von Hagnau folgt man nach links dem **Radschild <Meersburg>** zum **Rathaus,** am See wieder rechts. Jetzt einfach durch den Ort und auch danach geradeaus **am See entlang** weiter bis nach Meersburg.

➡ Wer noch weiter will **nach Unteruhldingen und Überlingen** muss durch Meersburg durch und dann auf die Kaimauer über dem Fähr-hafen zuhalten (Startpunkt der Tour 2).

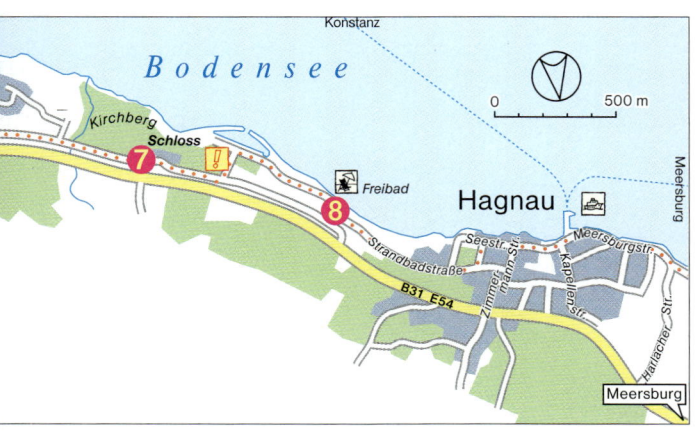

Connecttour 1 C

Die Strecke zwischen Meersburg und Unteruhldingen wird hin und wieder empfohlen. Auf der etwa 4 km langen Etappe kann man aber nur 2 km mit Skates fahren, der Rest des obendrein schmalen Weges an der befahrenen Uhldinger Straße entlang ist geschottert und eignet sich nicht zum Skaten. Das Verbindungsstück zwischen Tour 1 und Tour 2 fährt man deshalb am besten mit dem Bus oder dem Schiff. Wer hier dennoch skaten möchte, muss etwa 30 Min. Fußmarsch einplanen.

Die Connectstrecke ist leicht zu finden. Man startet am **Fährhafen von Meersburg,** direkt am Seeufer. Hier führt der geschotterte Weg immer an der **Unteruhldinger Straße** entlang bis Unteruhldingen. Am Ortseingang heißt die Straße **Meersburger Straße.** Geradeaus in die **Seestraße.** So kommt man zum **Hafen** bzw. Strandbad von Unteruhldingen, dem Startpunkt von Tour 2.

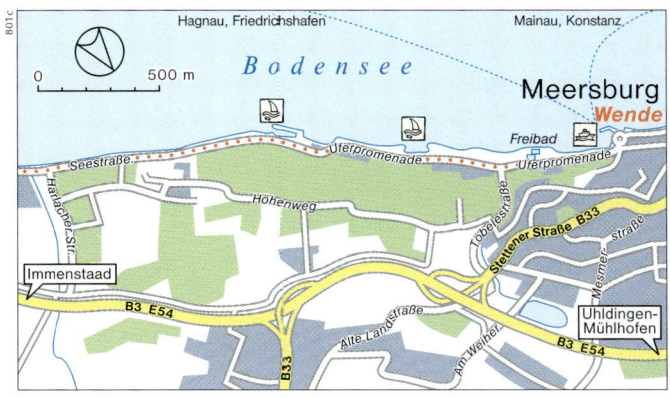

Tour 2

Am Überlinger See – von Meersburg nach Bodman (Radolfzell)

Tour 2

◀ *Vorderseite:*
Pfahlbauten und
Strandbad in
Unteruhlingen

Überblick

Die Tour startet in Unteruhldingen, dem Tor zum Überlinger See mit seinen Weinbergen und dem schönen und obendrein kostenlosen Strandbad, wo man vor „Steinzeithäusern" ins kühle Nass eintauchen kann. Auf hervorragenden Wegen geht es weiter nach Überlingen, die heimliche Metropole am Bodensee. Die Tour führt an der „Steilküste" unter Felsen entlang, auf denen knorrige Waldkiefern wachsen. Zielpunkt für Skater ist das kleine Örtchen Bodman, mit der alten Ruine auf den Hügeln über dem Dorf, dem der See seinen Namen verdankt. Die Tour gehört zu den schönsten am Bodensee.

Weiter nach Radolfzell?

Man findet immer wieder Tourenvorschläge von Bodman nach Radolfzell. Von der Strecke ist mit Skates dringend abzuraten: Schotterpassagen, gefährliche Kreuzungen und Verkehr auf den Wegen machen die Route nicht nur gefährlich, sondern auch nervig! Landschaftlich gibt dieser Abschnitt wenig her. Warum also hier skaten?

Uhldingen
*Viel besuchtes **Pfahlbaumuseum** mit Funden aus der Stein- und Bronzezeit. Nachbau einer steinzeitlichen Wohnsiedlung. Direkt am Hafen. Strandpromenade 6. Tel. (07556) 85 43. Internet: www.pfahlbauten.de. Apr.-Sept. tägl. 8-18, Okt. tägl. 9-17, März-Nov. Sa./So. 9-17, Dez.-Feb. So. 10-16 Uhr.*

Charakter der Tour

An den Hafenanlagen und rund um das Steinzeitmuseum mit seinen Pfahlbauten ist Unteruhldingen recht belebt: Zeitweise wird eine Schulklasse nach der anderen durchgeschleust. Die Tour führt zu Beginn durch ein Naturschutzgebiet mit alten Bäumen, viel Schilf und kleinen Brücken.

Auf einen Blick

- *Schwierigkeit, Gefälle:* Für Skater mit Grundkenntnissen. Weit gehend eben. Kurze Gefälle/Steigungen an Unterführungen o. Ä.
- *Belag:* Fast zu 100 % Asphalt, ca. 200 m Schotter in Überlingen im Bereich Strandbad Ost. Kürzere Kopfsteinpflaster-Passagen in Überlingen Ortsdurchfahrt.
- *Sicherheit:* Die meisten Wege autofrei. Trotzdem immer wieder etwas Verkehr (!), wie zum Beispiel rund um die Birnau.
- *Länge:* gesamt: 20 km
- *Eigenschaften:* An Wochenenden ziemlich gedrängt (Spaziergänger!). Zwischen den Ortschaften gibt es (vor allem zwischen Überlingen und Bodman) viele schnelle Passagen. Stellenweise muss man aber auf Verkehr achten (vor allem zwischen Unteruhldingen und Überlingen). Auf der Strecke zwischen Überlingen und Ludwigshafen sieht man viele Skater gegen Abend.
- *Anfahrt:* Unteruhldingen wird von zahlreichen Schiffslinien angelaufen. Zuganschlüsse in Unteruhldingen/Mühlhofen (aus Lindau und Singen). Fähre von Konstanz nach Meersburg (liegt 2 km vom Startpunkt)!
- *Rückfahrt:* Die Strecke wird fast durchweg von einer Bahnlinie begleitet. Allerdings hält der Zug nicht in Unteruhldingen (Startpunkt) selbst, sondern im etwa 2 km entfernten Unteruhldingen-Mühlhofen. Verlauf der Bahnstrecke: Überlingen, Sipplingen, Ludwigshafen. Bodman (Endpunkt) liegt nicht an der Bahnlinie.

Tour 2

Leider kann es am Wochenende voll werden (Spaziergänger en masse). Wer also lieber Tempo machen möchte, kommt am besten nicht zu den Stoßzeiten.

Man umkurvt schließlich das **Schloss Maurach** und wenig später gleitet man dicht am See unter der **Birnau** entlang, der vermutlich schönsten Barockkirche am Bodensee, die über dem Ufer thront. Man kommt an Yachthäfen vorüber, passiert das vor allem von Jugendlichen bevorzugte Strandbad Ost in Überlingen und dann geht es mitten durch die Altstadt des lebenslustigen Städtchens.

Überlingen, die heimliche Metropole

An lauen Sommerabenden ist rund um das Münster und den Traditionstreff „Galgenhölze" in Überlingen immer viel los. Am Platz an der Schiffsanlegestelle plätschert ein Brunnen des Meisters Peter Lenk und direkt daneben gibt es eine Eisdiele mit einer überwältigenden Auswahl!

Wer Ruhe braucht, kann zwischen Kakteen im Stadtgarten lustwandeln und fühlt sich so richtig wie im tiefen Süden. Die mittelalterliche Altstadt ist beeindruckend! Überlingen gehört zu den schönsten und angenehmsten Städten rund um den Bodensee.

Überlingen

Schönes mittelalterliches Stadtbild mit sehenswertem Rathaus, Stadtmauer, Stadtgraben und Stadttoren (Aufkircher Tor u. a.). Berühmter Schnitzaltar von Jörg Zürn im **Münster St. Nikolaus,** *der größten spätgotischen Kirche am Bodensee.*

Die **Goldberger Kapelle** *am Ortsausgang (zur Linken am Weg) gehört zu den ältesten Kirchen Deutschlands.*

Eine Attraktion ist inzwischen der **Peter-Lenk-Brunnen** *an der Uferpromenade mit seinen zwei unerschrockenen, überdimensionalen Meerjungfrauen. Im Innenhof des Gasthofs Krone gibt es übrigens eine weitere „lustige" Lenk-Skulptur von Napoleon zu sehen.*

Die „Steilküste"

Nach Überlingen fährt man dicht an der „Steilküste" neben Felsen entlang, die zwecks Straßenbau weggesprengt wurden. Die Berge hinter Sipplingen erreichen über 700 m! Früher war **Sipplingen,** der nächste Ort nach Überlingen, ein abgeschiedenes Fischerdorf. Am anderen Ufer reichen die bewaldeten Hügel des Bodanrück bis ans Wasser.

Bei Bodman – von weitem erkennbar an der **Ruine** auf den Hügeln – ist der See nun wirklich zu Ende: Es gibt keinen Rhein, der wie am Untersee bzw. Obersee hinein- oder hinausfließt. Hinter dem Schilfufer erstreckt sich eine weite Ebene mit den **Hegauvulkanen.**

Bodman

Dem Örtchen Bodman verdankt der Bodensee seinen Namen. Karl der Große hatte hier seine Kaiserpfalz – vielleicht an Stelle der heutigen Kirche von Altbodman. Sicher ist man sich darüber aber nicht.

Am Ortseingang rechts hoch wohnt der umstrittene **Bodenseekünstler Peter Lenk,** der sich das Recht, überdimensionale Figuren in seinen Garten zu stellen, erst juristisch erkämpfen musste. Fast immer stießen die Skulpturen – wenigstens kurz nach der Errichtung – auf heftigen Widerstand, um sich allmählich zu Anziehungspunkten zu entwickeln, auf die man dann letztlich in den Orten am Bodensee doch stolz ist. Der Besucher kann ein wenig in den Garten des Künstlers schauen, wo zum Teil riesige Figuren über den Bretterzaun ragen.

In **Altbodman,** das sich direkt an den Bodanrück schmiegt, sieht es fast aus wie in einem Bergdorf im Tessin und man bekommt richtig Lust, auf dem Weg am Bodanrück entlang weiter in den „Urwald am Bodensee" vorzudringen. Das geht leider nur zu Fuß, ist aber lohnenswert!

Bodman

Ruine Alt-Bodman: Gut erhaltene Burgmauern romantisch über dem See gelegen. Wunderbarer Ausblick!

Schloss Frauenberg: 200 m über Bodman gelegen. Heute eine Art Aussteiger-Kloster, von einem katholischen Orden (Agnus Dei) bewohnt. Durch einen Blitzschlag im Jahre 1307 brannte die Burg völlig aus. Vom Geschlecht der Grafen von Bodman überlebte nur der kleine Stammhalter Johann, der in einem eisernen Kessel über die Burgmauern geworfen wurde. So avancierte der Frauenberg zum Wallfahrtsort.

Tour 2

Marienschlucht

Stellenweise nur zwei Meter breite Schlucht in einer urwaldartigen Landschaft, durch die ein Bach in die Tiefe stürzt. Über Stufen begehbar gemacht. Erreichbar mit dem Schiff von Bodman und Sipplingen oder zu Fuß (von der anderen Seeseite her) über Liggeringen/Langenrain: 300 m nach Ortsende (Richtung Dettingen) zum Golfplatz, dort 400 m zu Fuß (vom Wanderparkplatz).

Sonstiges

Gastronomie

- **Schöne Cafés in Überlingen:** Beliebt sind beispielsweise Pizzerias/Cafés direkt am Hafen. Abends: Das Galgenhölzle in der Fußgängerzone beim Münster. Nebenan: Gasthof Krone.
- Ess-Tipp: Fischimbisse bzw. **Restaurants des Bodenseefischers Knoblauch.** Ein Restaurant des Fischers findet man in Überlingen am Rathaus. In Überlingen Nußdorf kommt man an einem gemütlichen Knoblauch-Fisch-Imbiss vorbei.

Strandbäder

- Das vermutlich beste und schönste Bad am Bodensee ist das **West-Bad in Überlingen.** Die Tour führt direkt dran vorbei. Leider ist das Bad durch den Bau eines Thermalbades bedroht.
- Gratis vor der Kulisse steinzeitlicher Pfahlbauten kann man in **Unteruhldingen im Strandbad beim Hafen** (Startpunkt der Tour) baden.

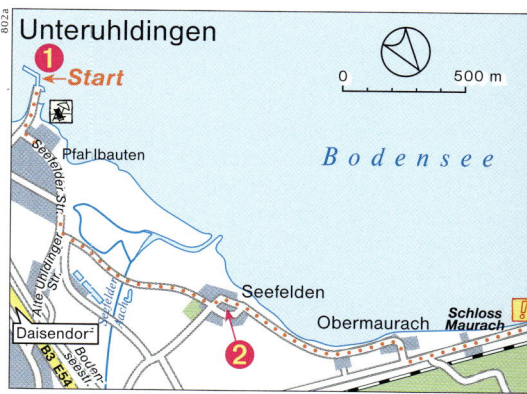

Die Route

1 Startpunkt ist das **Strandbad/Pfahlbaumuseum** in Unteruldingen direkt am Hafen. Wer vom Hafen kommt, biegt links in die Uferpromenade ab, die am Strandbad vorbeiführt. Vor dem Pfahlbaumuseum folgt man dem Rechts-Links-Schwenk der Promenade in die **Seefelder Straße.** Diese macht wenig später einen Rechts-Schwenk. Die Seefelder Straße heißt später **Alte Uhldinger Straße.** Man folgt nach ca. 200 m dem **Radschild** <Ludwigshafen/Überlingen> nach links.

2 Der Radweg führt nach **Seefelden.** Hier vor der **Kirche** Links-Rechts-Schwenk, dann die Kirche rechts liegen lassen und weiter durchs Naturschutzgebiet auf dem Radweg bleiben. Man kommt durch **Obermaurach** (besteht nur aus Hotels/Gaststätten und Campingplatz) und folgt dort dem Rechts-Schwenk der Straße, die etwa 50 m steil zu einer schwach befahrenen Straße führt. Hier links!

Tour 2

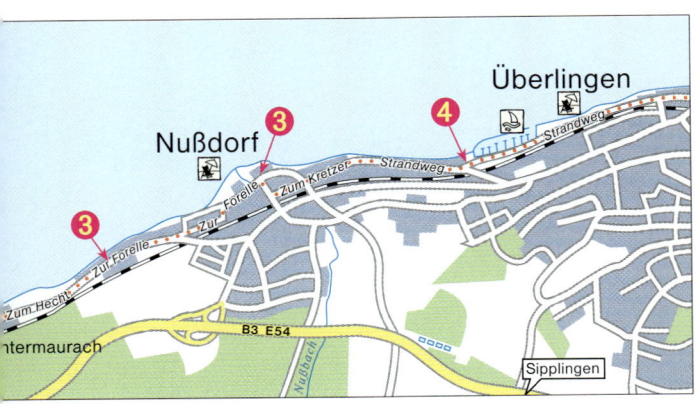

⚠ Auf etwa 200 m muss man vorsichtig fahren! Verkehr! Es gibt einen sichereren Schotterweg.

Nach 200 m geradeaus (nicht über den Bahnübergang) auf das **Schloss Maurach** zu. Nach 150 m dem Rechts-Schwenk des Weges folgen, unter der Überdachung hindurch. Der Weg führt auf der **Straße Zum Hecht** am See entlang nach Nußdorf.

③ Man folgt der Straße Zum Hecht durch **Nußdorf.** Bei der Kreuzung geradeaus weiter (also nicht durch die Bahn-Unterführung) in die **Straße Zur Forelle** (Radschild folgen). Beim Sackgassenschild Links-Rechts-Schwenk (Radschild!) in die **Straße Zum Gropper.** Wenig später wieder dem Radschild folgen (Rechts-Schwenk in **Zur Barbe**). Vor der Bahn-Unterführung links in die Straße **Zum Kretzer** – heißt später **Strandweg.**

④ Der Strandweg endet beim **Sportboothafen.** Hier etwas links versetzt geradeaus durch die **Schranke** (Fußweg).

Jetzt immer geradeaus halten (auch nachdem der Weg in die befahrene **Mühlenstraße** mündet), dann auf **Gehweg** nach Überlingen rein.

❺ Am **Kreisverkehr** geradeaus durch die **Fußgängerzone** (Münsterstraße). Am Ende der Fußgängerzone geradeaus in die **Christophstraße.** Bei **Kirche** links in die **Grabenstraße** bis zum **See** (Uferpromenade), dann rechts und immer der **Promenade** folgen, bis sie in die befahrene **Bahnhofstraße** mündet. Hier links. Auf Gehweg zum **Westbahnhof** und weiter geradeaus. (Tipp: Hier liegt das West-Bad!) Man kommt zum **Campingplatz.** Dort folgt man dem Rechts-Links-Schwenk der Straße über den **Bahnübergang.**

❻ Der Radweg führt nach ca. 1,5 km durch **Unterführung** auf die rechte Straßenseite und an dieser entlang weiter. Nach etwa 400 m folgt man dem Rechts-Schwenk bzw. dem **Radschild** <Ludwigshafen>. In der Kurve unbedingt scharf rechts halten, entgegenkommende Radler!

Tour 2

7 Der Radweg führt nun durch eine **Obstplan-tage.** Bei einem großen **Wegkreuz** fährt man links. Der Weg trifft in Sipplingen wieder an die befahrene **Seestraße.**

8 Man durchquert **Sipplingen** immer an der befahrenen Seestraße entlang. Etwa 500 m nach dem Ortsschild hört der Weg auf und führt über einen Rechts-Links-Schwenk über einen **Parkplatz** weiter. Danach geradeaus weiter. Nach 1,5 km

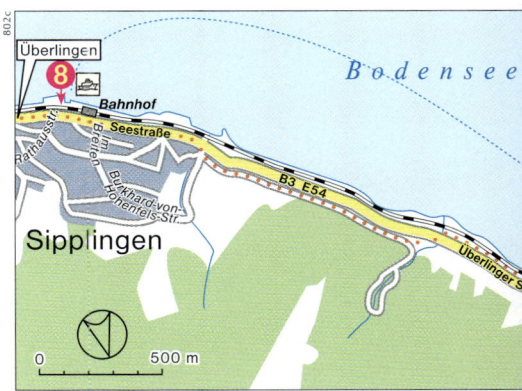

wechselt man per **Unterführung** wieder die Straßenseite.

❾ Weg führt nach Ludwigshafen. Gleich am **Ortseingang,** vor der Tankstelle, fährt man links (Radschild), nach 100 m noch mal links (Unterführung! Kopf einziehen!), dann Rechts-Schwenk folgen und dann an der **Uferpromenade** entlang weiter.

Es geht jetzt um den **Gasthof Hafen von Piräus** herum. Man kommt über den **Bahnübergang** nach Ludwigshafen. Direkt nach dem Bahnübergang links. Man kommt am **Bahnhof** Ludwigshafen vorbei. Es folgt ein schöner Radweg an den **Schienen** entlang (Radschild <Bodman> folgen).

❿ Nach ca. 1,5 km folgt man nach links dem Radweg nach Bodman (größere **Kreuzung** mit Straßenschildern). Man fährt über den **Bahnübergang.** Immer auf dem Weg bleiben (über zwei kleine Brücken). Der asphaltierte Weg endet kurz vor Bodman. Hier wenden oder abschnallen (keine Gehwege zum und durch den Ort).

Tour 2

Tour 3

**Drei Seen und der Rhein –
von Radolfzell nach
Konstanz**

Überblick

Drei Seen und ein „Fluss" liegen auf der Tour, jeder mit ganz eigenem Charakter: Zunächst der ruhige **Zeller See** in der geschützten Bucht zwischen Höri und Bodanrück, dann der **Gnadensee** an der Allensbacher Küste entlang, der **Seerhein** im Konstanzer Trichter, wo der Bodensee nicht nur wie ein Fluss aussieht, sondern auch einer ist und natürlich „das Meer", der **Obersee** am Konstanzer Hafen. Die Route ist eine der beliebtesten Inline-Strecken.

Auf einen Blick

- *Schwierigkeit/Gefälle:* Für Skater mit Grundkenntnissen. Die meisten Passagen am Gnadensee sind jedoch leicht zu fahren.
- *Belag:* 100 % Asphalt, meist sehr gut.
- *Sicherheit:* Auf der Strecke gibt es einige kurze Passagen, die für den Verkehr nicht gesperrt sind (z. B. Zufahrtswege zum Campingplatz), obgleich die Strecke durchweg wie ein Landwirtschaftsweg aussieht. Bitte Augenmerk darauf richten!
- *Länge:* Ca. 21 km in einer Richtung.
- *Eigenschaften:* Ein Großteil der Route eignet sich zum „Speedskaten". Nur im Stadtgebiet von Radolfzell und Konstanz und bei der Ortsdurchquerung in Allensbach und Markelfingen kann man nicht so gut Tempo machen. Fitnessskater biegen besser auf die Insel Reichenau ab und sparen so den Abschnitt auf Gehwegen durch das Industriegebiet in Konstanz aus.
- *Anfahrt:* Radolfzell hat gute Zugverbindungen nach Konstanz, Singen, Lindau.
- *Rückfahrt:* Die Tour wird von einer Bahnlinie begleitet: Radolfzell–Konstanz. Haltepunkte unterwegs: Allensbach, Reichenau (am Reichenaudamm).

◄ *Die Imperia im Konstanzer Hafen mit Kaiser und Papst auf den Händen erinnert an das Konstanzer Konzil im Mittelalter*

Tour 3

Charakter der Tour

Radolfzell

Startpunkt ist der Bahnhof von Radolfzell, in der geschützten Bucht am Zeller See. Vom See sieht man – abgesehen von der Uferpromenade am Startpunkt – zunächst nicht viel. Nur ab und zu flimmert es ein wenig blau oder man entdeckt die zerzauste Zunge der Insel Mettnau durch die dichten Bäume am Ufer. Zahlreiche Skater und Radler sind abends unterwegs. Die Tour gehört wegen der breiten Wege und des glatten Asphalts zu den besten Inline-Strecken am Bodensee. Aber erst am Allensbacher Ufer – nach etwa 30 Minuten – hat man alles im Blick.

Allensbach

Vor der Uferpromenade in Allensbach breitet sich die Insel Reichenau wie ein großes Schiff vor einem aus und liegt so tief im Wasser, dass die drei uralten romanischen Kirchen regelrecht zwischen Himmel und Erde zu schwimmen scheinen. In Allensbach fühlt man sich wohl: Das Dorf ist weder überlaufen, noch zu abgeschieden. Seitab vom Großstadt-Tummel hat man seine Ruhe und ist doch nicht „weit ab vom Schuss" (hervorragende Zuganschlüsse nach Konstanz).

Den typischen Allensbacher Urlauber gibt es zwar nicht, aber wegen der Nähe zu Konstanz ist Allensbach bei jungen Leuten beliebt. Auf der Weiterfahrt schiebt sich die Reichenau immer dichter ans Ufer heran. Wer will, kann zur Insel weiterfahren (man kommt vom Landungssteg auch mit dem Schiff nach Konstanz oder Radolfzell zurück). Sonst geht es jetzt leider erst durch ein Industriegebiet, das sich einige Zeit hinzieht.

Konstanz

Konstanz ist mit 70.000 Einwohnern die größte Stadt am See. Bei der Einfahrt über die Radlerbrücke liegt das Rheinstrandbad unter einem, wo man sich mitten in der City am Fluss sonnt, während zur Linken der Zug über die Eisenbahnbrücke huscht und Schiffe vorüberziehen.

Im Hafen scheint die Imperia von Peter Lenk, mit dem Papst und dem Kaiser auf den Händen, heimlich auf den See hinauszulachen. Die riesige Figur erinnert an die Zeit des Konstanzer Konzils (1417), als hier Päpste, Kaiser und Könige ein- und ausgingen und die Stadt über ein Jahrzehnt in den Mittelpunkt europäischer Geschichte rückte.

Heute gibt es stattdessen eine moderne Universität inklusive Studentenleben, nette Cafés, Museen, Einkaufsstraßen, gute Restaurants und das beste Nachtleben in der Region, so dass einem garantiert nicht langweilig wird.

Weiter auf die Reichenau

Wer auf die etwas nervige Passage durch das Konstanzer Industriegebiet verzichten möchte, der kann auf die Insel Reichenau weiterfahren (Tour 4) und findet dort ideales Terrain. Hierzu einfach bei

Konstanz

*Sehr gut erhaltenes **mittelalterliches Stadtbild** (Münster, Konzilgebäude - am Hafen, alte Stadttürme wie der Rheintortum und der Pulverturm - an der Tour). Ein Bummel durch Konstanz lohnt sich!*

Archäologisches Landesmuseum: *Eines der sehenswertesten Museen seiner Art in Württemberg. Benediktinerplatz 5. Tel. (07531) 9 80 40. Di.-So. 10-18 Uhr.*

Peter Lenks Imperia: *Die „freizügige Imperia" im Hafen, eine römische „Lebedame", hält den Kaiser und den Papst auf ihren Händen. Zwar hat die schöne Römerin nicht zur Zeit des Konzils, sondern vermutlich später gelebt, aber die Aussage bleibt natürlich ungetrübt. Die Figur stieß in Konstanz zunächst auf heftigen Widerstand, avanciert jedoch inzwischen zum Wahrzeichen der Stadt.*

Sealife Centre: *Das „Fenster zum See". Man kann durch ein Panorama-Fenster auf den Bodensee schauen. Das Riesenaquarium ist ein Touristenmagnet in Konstanz. Am Bahnhof. Hafenstraße 9. Tel. (07531) 12 82 70. Nov.-März 10-17, April, Mai, Juni, Okt. 10-18, Juli-Sept. 10-19, So. und Feiertag, Nov.-März bis 18 Uhr.*

Tour 3

▶ Ruderspaß im Hafen von Konstanz

der Kinclesbildkapelle rechts statt links und über den Reichenaudamm auf die Insel. Von der „Schiffs-lände" fahren übrigens auch Schiffe nach Konstanz.

Sonstiges

Gastronomie

- In Konstanz an der **„Marktstätte"** (Nähe Hafen) findet man nette Cafés.
- Das „In-Café" in Radolfzell (vor allem abends): **Café Nordbahnhof,** direkt am bzw. im Bahnhof.

Strandbäder

- In **Allensbach** am Campingplatz – nur etwa 200 m von der Tour – gibt es ein hübsches Strandbad.
- Das **Rheinstrandbad** in Konstanz (am Seerhein unter der Rheinbrücke) ist weniger empfehlens-wert: Gegenüber liegt die Motorboottankstelle!

Die Route

1 Start: Startpunkt ist der **Bahnhof Radolfzell.** Man nimmt die stadtabgewandte Gleisunterführung (Ausgang Uferpromenade/See). Danach links am See entlang.

2 Am Ende der Promenade kommt eine Kreuzung: Kurzer Rechts-Links-Schwenk (also fast geradeaus) in die **Strandbadstraße.**

3 Nach ca. 300 m am **Kreisverkehr** dem Radschild <Allensbach/Konstanz> folgen und so über die **Brücke.**
Nach der Brücke rechts und nach 300 m wieder rechts in den **Libellenweg.** Man folgt dem Links-Schwenk der Straße durch ein Wohngebiet, nach 500 m (Radschild) in den **Riedweg,** der geradeaus in einen Landwirtschaftsweg mündet.

4 Man kommt nach **Markelfingen.** Gleich am Ortseingang rechts in die **Gnadenstraße.** Am Ende der Gnadenstraße links in die **Unterdorfer**

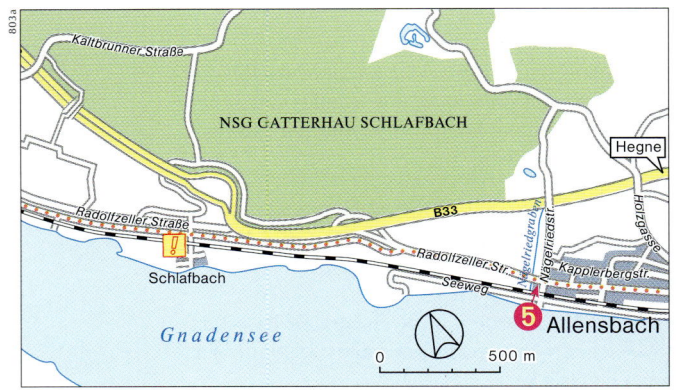

straße. Nächste rechts (Radschild <Konstanz> folgen) und über kleine **Brücke** bis zur befahrenen **Radolfzeller Straße.** Bei dieser dem Radschild nach rechts folgen und nun immer auf dem Radweg an der Straße entlang bleiben.

🛈 Öfter auf Verkehr achten, zum Beispiel auf die kreuzende Straße am Campingplatz.

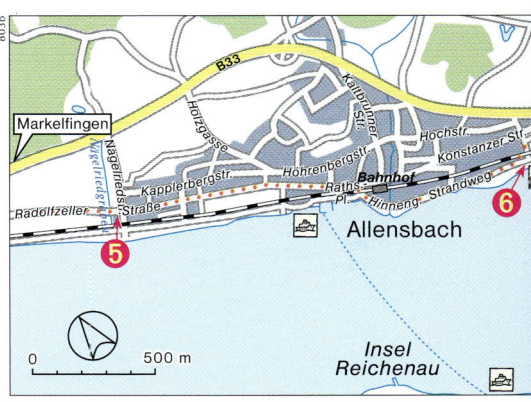

5 **Ortseingang Allensbach:** Geradeaus auf dem Gehweg an der befahrenen Straße entlang durch den Ort. Nicht den Radschildern nach links folgen. Noch weit vor der Kirche Allensbach wechselt man auf den Gehweg der anderen Straßenseite (es geht also auf der linken Seite weiter durch den Ort). Rechts-Links-Schwenk der Straße folgen, an der **Kirche** vorbei. Beim **Rathaus** kommt man zu einer Fußgängerampel. Straße überqueren und auf der anderen Seite weiter. 20 m vor dem **Bahnhof** geht's rechts unter einer Unterführung zur **Uferpromenade.** Hier links auf dem **Strandweg** weiter. Dieser führt zum **Bahnübergang,** hier vorher rechts dem Radschild <Konstanz> folgen.

6 Vor dem Campingplatz auf dem **Thurgauweg** kurz bergauf bis zur befahrenen **Konstanzer Straße,** dann rechts in den Fuß- und Radweg. Jetzt immer auf dem Weg bleiben und diesem folgen.

Drei Kilometer nach Allensbach. Beim **Bahnhof** Reichenau/Waldsiedlung macht der Weg einen Rechts-Links-Schwenk. Man folgt dem **Radschild** <Reichenau/Konstanz>.

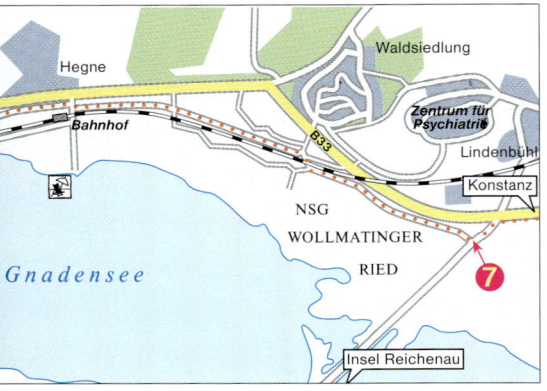

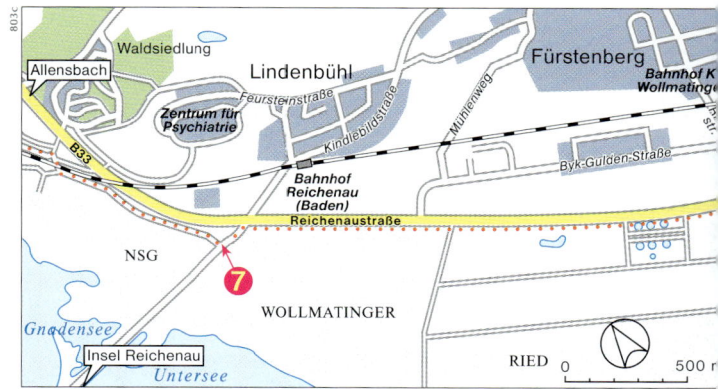

7 Man kommt zur **Kindlebild-Kapelle.** Hier geht es links nach Konstanz. Nach ca. 300 m rechts über die Fußgänger-Ampel. Auf dem Gehweg der **Reichenaustraße** ins Industriegebiet. Immer an dieser Straße bleiben, an einer türkischen **Moschee** vorbei und weiter geradeaus.

 Wer **zur Reichenau** will, fährt an der Kindelskapelle rechts statt links.

8 Man kommt schließlich in Konstanz zur **ersten Kreuzung** (Spanierstr./Petershauer Str.) mit Altstadthäusern. Hier kann man rechts über die **Radlerbrücke** (ist versteckt) fahren und kommt über den Seerhein. Danach links den **Webersteig/Rheinsteig** entlang und weiter am **Rheintorturm** vorbei.

Dann durch die Unterführung unter der **Rheinbrücke** hindurch und (Stufen!) hoch zur **Konzilstraße.** Dieser folgt man bis zum **Hafen,** dort Rechts-Links-Schwenk in die **Uferpromenade** und weiter zum **Bahnhof.**

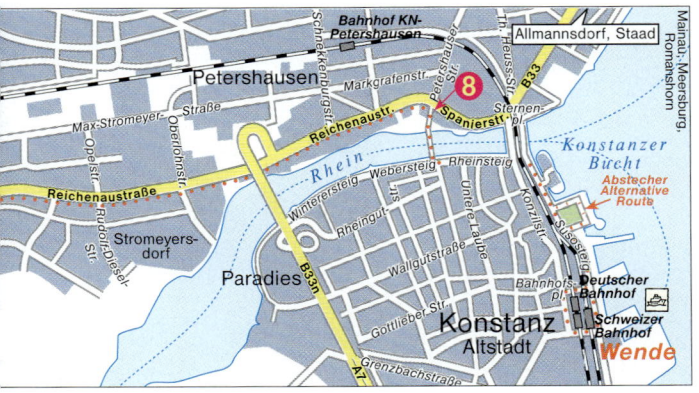

Tour 4

Kulttour auf der
Insel Reichenau

Überblick

Wie eine griechische Insel liegt die Reichenau zwischen Gnadensee, Untersee und Zellersee. Ein Sonnenuntergang mit Blick auf die Inseln Mettnau und Horn, auf das Schweizer Ufer und die Allensbacher Küste ist unbeschreiblich. Man stößt auf Palmen, Kakteen und Bananenstauden und der von allen Seiten reflektierende See sorgt für mediterranes Licht. Inline-Skating auf der Reichenau hat ein paar Tücken. Deshalb sollte man sich erst nach gründlicher Lektüre dieses Kapitels auf Tour begeben. Dann aber nix wie los!

Auf einen Blick

- *Schwierigkeit, Gefälle:* Für Skater mit Grundkenntnissen. Meist ebene Strecke, nur kurze Steigungen und Gefälle, z. B. Abstecher zur Schiffslände (Landungssteg).
- *Belag:* Zu 99 % Asphalt. 300 m Schotterpiste, um etwas stärker befahrene Straßen zu umgehen.
- *Sicherheit:* Die zahlreichen kleinen Wege und Straßen, die die Insel durchziehen, sind leider oft für Kraftfahrzeuge nicht gesperrt, weshalb man immer mit unverhofft auftauchenden Autos rechnen muss. Gegen Abend wird es wesentlich besser!
- *Länge:* Eine Inselumrundung: ca. 12 km
- *Eigenschaften:* Tagsüber ist die Reichenau wegen Verkehr nicht empfehlenswert. Gegen Abend trifft man sich hier auch zum Fitnessskaten. Obgleich dann auf der ganzen Insel kaum ein Auto unterwegs ist, muss man vorsichtig fahren!
- *Anfahrt:* Von Konstanz/Allensbach Züge bis zum Bahnhof Reichenau (am Zugang zum Damm). Mit dem Auto über den Reichenaudamm. Parkplätze am Inselzugang.

◀ *Sonnenuntergang auf der Insel Reichenau*

Tour 4

Charakter der Tour

Stilvolle Anfahrt über den Reichenaudamm

Die Insel Reichenau erreicht man nur über den künstlich aufgeworfenen Reichenau-Damm, außer man kommt mit dem Schiff. Eine schöne Pappelallee begleitet den Fahrweg und kündigt an, dass hier etwas ganz Besonderes auf einen wartet. Zur Linken und zur Rechten erstrecken sich die Schilfmeere des Wollmatinger Riedes, das den unzähligen Wasservögeln gehört ...

Das Kloster Reichenau: Wiege des Abendlandes

Die romanische St.-Georg-Kirche (9. Jahrhundert) steht wie ein Tor am Inselzugang. Pirmin, ein irisch-fränkischer Mönch, dessen Standbild den Besucher

Die „Klosterinsel" Reichenau – Wiege des Abendlandes

1250 Jahre reicht die Geschichte der Klöster auf der Reichenau zurück. 724 gründete der Bischof Pirmin das erste Kloster. Unter Abt Waldo, der ein Vertrauter von Karl dem Großen war (786–806), erreichte das Kloster eine erste Blütezeit. Unter Abt Heito entstand 816 das Münster. Eine der größten Bibliotheken des Abendlandes wurde aufgebaut. Abt Strabo wurde als Theologe und Dichter berühmt, er war außerdem Lehrer am kaiserlichen Hof. Abt Hatto III. hatte als Erzkanzler des Reiches großen politischen Einfluss. Er war Taufpate und später Vormund von Kaisersohn Ludwig und stand damit praktisch an der Spitze des Reiches. Die Insel Reichenau als „Wiege des Abendlandes" zu bezeichnen ist deshalb nicht ungerechtfertigt.

gleichermaßen begrüßt, war übrigens der Begründer des Reichenauer Klosters, das zu einem Zentrum europäischer Kultur heranwachsen sollte. Selbst wer mit Geschichte nichts am Hut hat, kann vor den alten Mauern nicht anders als bremsen und schauen. Den romanischen Kirchen sieht man noch fast die Hände an, die sie geformt haben könnten: Nichts ist kantig und in der vermeintlich fehlenden Perfektion geschwungener Kurven liegt ihr besonderer Reiz.

Man kommt außerdem am uralten Münster in Mittelzell vorbei, das – wie alle drei Kirchen auf der Insel – von der UNESCO zum Weltkulturerbe erklärt wurde.

Inlineskaten auf der Reichenau

Die ganze Insel Reichenau ist von einem dichten Netz aus Landwirtschaftswegen durchzogen. Es ist vermutlich das dichteste am Bodensee. Kein Wun-

St. Georg

Am Inselzugang. Fertiggestellt im 9. Jh. Ottonische Wandmalereien aus dem 10. Jahrhundert!

Münster St. Marien und Markus

Grundsteinlegung im 8. Jh. Bis ins 10 Jh. ständig umgebaut. Die maurisch wirkenden Arkaden und der erst 1739 hinzugefügte gotische Chor verleihen der sonst romanischen Kirche ein besonderes Flair. Außerdem: Schatzkammer und das berühmte „Kräutergärtle".

St. Peter und Paul

Grundsteinlegung im Jahre 799! Heutige Säulenbasilika aus dem 11./12. Jh. Mischstile: Rokoko, romanische Säulen und Arkaden. Innenraum wirkt dadurch sehr eigenartig.

Inline-Tour ins 9. Jahrhundert: die St.-Georg-Kirche zählt zum Weltkulturerbe

der, denn 10.816.000 Gurken und 10.009.000 Blumenkohlköpfe müssen auch irgendwie weggekarrt werden. Gemüseanbau und Landwirtschaft sind nicht zuletzt wegen des milden Klimas Hauptwirtschaftszweige. Perfekt also zum Skaten? Ja und nein, denn kaum einer der Landwirtschaftswege ist für den öffentlichen Verkehr gesperrt. Normalerweise sind trotzdem kaum Autos auf den Landwirtschaftswegen unterwegs, aber auf der Insel Reichenau meinen viele Touristen, diesen Umstand zur Inselerkundung nutzen zu müssen. Abgesehen davon dürfen Skater hier natürlich, juristisch gesehen, überhaupt nicht fahren!

Bleibt also nur das „Trottoirskating", das immerhin vom Damm bis zur Schiffsanlegestelle und sogar zum Westufer möglich ist. Doch Inline-Skating auf der Reichenau entwickelt sich zu einem Kult. Vor allem Studenten der nahen Uni Konstanz zieht es hierher. Aber nicht tagsüber, sondern erst gegen Abend bei Sonnenuntergang, wenn die Gärtner abendessen und die Touristen abgezogen sind, es aber noch hell genug zum Skaten ist. Dann sieht man kaum ein Auto auf der ganzen Insel, dafür umso mehr Inlineskater, die überall auftauchen. Die StVO ändert sich deswegen natürlich nicht, aber Fun und Sicherheit beim Skaten in jedem Fall!

Mediterranes Flair

Vom Hochwart, dem leicht zu erklimmenden und 439 m hohen Reichenauer Hausberg, hat man einen Traumblick rund um den Bodensee. Zwischen den Gewächshäusern, dem Wasser, das nie weit ist und auf den kleinen Straßen zwischen dem alten Gemäuer fühlt man sich wie im Süden.

Sonstiges

Gastronomie
- **Kiosk am Yachthafen.**
- Günstig und einfach: das **„Restaurant" im Strandbad** (Strandbadstraße).
- Im **Biergarten am Campingplatz** an der Westseite trifft man sich zum Einkehren und macht Pause. Hier kann man auch im See baden.

Strandbäder
- Das **Strandbad** im Westen der Insel (Strandbadstraße mit Skates erreichbar) gehört zu den guten Adressen am Bodensee (schöner Blick auf die Halbinsel Höri und Allensbach).
- Einen einfachen Badeplatz gibt es **am Campingplatz**.

Alternativrouten

In Verlängerung des Reichenaudamms kann man auch geradeaus weiter bis Mittelzell fahren (Radweg begleitet die Straße). Aber: Der Radweg wird an einigen unübersichtlichen Stellen von befahrenen Straßen bzw. Zufahrten gekreuzt, also Vorsicht!

Tour 4

Die Route

Bitte nicht vergessen, dass einige Wege dieser Tour – wenngleich sie wie Landwirtschaftswege aussehen – für den Verkehr offiziell nicht gesperrt sind. In der Regel wird langsam gefahren, aber mit Ausnahmen sollte man immer rechnen. Die Tour nicht tagsüber fahren (viele Touristen auf den Wegen!). Juristisch einwandfrei: Die Route bis zum Westufer auf Gehwegen!

❶ Startpunkt: **Reichenaudamm** (Kreuzung mit der Reichenaustraße).

Wer vom Bahnhof Reichenau kommt, gelangt über die Kindlebildstraße auf den Damm.

Man fährt zunächst über den Damm auf die Reichenau (Pirminstraße).

2 Das **Münster St. Georg** taucht auf. Nachdem man dieses passiert, überquert man die befahrene **Pirminstraße** und fährt links in die **Oberzeller Straße** (Gehweg!).

⚠ Vorsicht beim Überqueren! Kopfstein! Im Gras sicheren Halt verschaffen!

Man folgt nach 200 m dem Rechts-Schwenk der Oberzeller Straße in die **Obere Rheinstraße** und skatet eine zeitlang an dieser entlang (Gehweg!).

⚠ Gefährliche Einmündung!

3 Nach 1,5 km links in die **Untere Rheinstraße.**

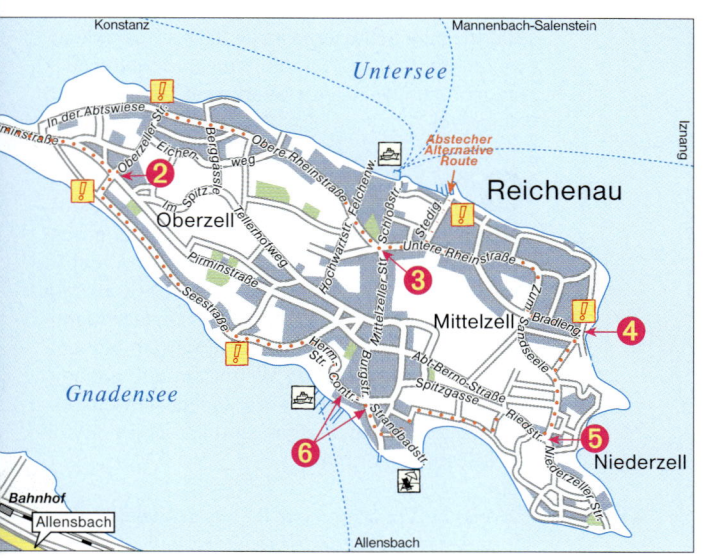

Zur Schiffsanlegestelle: Nach 200 m links in die Stedigasse. Achtung starkes Gefälle! Abschnallen!

Sonst ca. 1 km lang an der Unteren Rheinstraße entlang, dann dem Rechts-Schwenk in die Straße **Zur Sandseele** folgen. Nach 300 m links in die **Bradlengasse.**

4 Auf der **Bradlengasse** bis zum **See,** dann rechts zum **Campingplatz.** Vor dem Campingplatz (Radschild) nach rechts und kurz darauf Links-Schwenk folgen. Nächste **Kreuzung** links, kurz darauf geradeaus in die **Niederzeller Straße.**

5 Nach 200 m rechts in die **Riedstraße.** 50 m bevor diese auf die befahrene Abt-Berno-Straße trifft, links in einen **Landwirtschaftsweg.** Weiter bis zum **See,** dann rechts über eine ca. 300 m lange **Schotterpassage.** Danach geradeaus weiter auf Asphalt. Auf dem kurzen Schotterstück umgeht man die stärker befahrenen Straßen durch Niederzell.

6 Man kommt nach **Mittelzell.** Nächste Kreuzung im Ort links und wenig später rechts, dann wieder links die **Strandbadstraße** überqueren, geradeaus weiter, nächste Kreuzung rechts. Man kommt zum **Münster** in Mittelzell (Kreuzung Im Weiler/Schulstraße). Jetzt links in die **Herrmann-Contractus-Straße.** Man folgt dieser am See entlang (später **Seestraße**). Weiter am See entlang. Nach ca. 2 km bei **St. Georg** Rechts-Schwenk folgen. Man ist am Ausgangspunkt. Links geht's zurück auf den Damm.

⚠ Verkehr! Vor allem beim Rechts-Schwenk am Ende der Seestraße scharf rechts halten!

Tour 5

Über die wilde Höri –
von Radolfzell zum Schlössle

Tour 5

Überblick

◀ *Vorderseite:*
Skatewege durch
die Natur auf der
wilden Halbinsel
Höri

Die Höri ist eine Halbinsel mit individuellem Charakter. Kleine Dörfer – wie Horn – haben sich ein gutes Stück weit vom Ufer zurückgezogen und dem See, Schilf und alten Bäumen das Feld überlassen. Die Insel war Zufluchtsort zahlreicher Künstler, wie Hermann Hesse, Otto Dix usw.

Wendepunkt ist das Schlössle – ein schönes Café am Ufer in Horn, das man auf einem Umweg über Gaienhofen erreicht. Zurück fährt man auf einem etwas anderen Weg durch das Naturschutzgebiet Aachried (schöne Schilfswälder!), wo vor allem gegen Abend viele Skater unterwegs sind.

Auf einen Blick

- **Schwierigkeit/Gefälle:** *Einige kurze Steigungen und Gefälle bis Gaienhofen. Für Skater mit Grundkenntnissen. Für Einsteiger eignet sich die Strecke von Moos durch das Naturschutzgebiet Aachried!*
- **Belag:** *Asphalt, meist sehr gut. Ausnahme: Die Ortsdurchfahrt in Horn mit ca. 200 Metern Kopfsteinpflaster.*
- **Sicherheit:** *Ungeübte sollten bei der Ortsdurchfahrt in Horn (Kopfstein) abschnallen.*
- **Länge:** *Bis zum Café Schlössle in Horn (über Gaienhofen) sind es ca. 30 km hin und zurück.*
- **Anfahrt:** *Startpunkt ist die Uferpromenade am Bahnhof in Radolfzell. Gute Zugverbinden von Konstanz, Singen und Friedrichshafen.*
- **Rückfahrt:** *Auf der Höri gibt es keine Bahnlinie! Man ist also zwecks Rückfahrt auf den Bus angewiesen. Dieser fährt in der Regel stündlich, aber nur bis ca. 19.00 Uhr. Vor allem an Sonn- und Feiertagen vorher informieren!*

Charakter der Tour

Überfahrt und „Kap Horn"

Schon die Überfahrt auf die Höri auf der von Pappeln gesäumten Allee ist ein Erlebnis: Rundum Sumpf und Schwemmland – eine Welt, die den Vögeln gehört. Nach starken Regenfällen kann es allerdings sein, dass der Radweg zeitweise unter Wasser steht.

Die Höri ist eine Welt für sich! Vermutlich wirkt der Bodensee nirgendwo so unverfälscht und wild! Es riecht nach Bäumen, Gras, Schilf und frischer Seeluft. Von der Dorfkirche in Horn aus, die direkt an der Skatestrecke liegt, sieht man fast über den ganzen Untersee, der sich vor der Reichenau in den Zellersee und den Schweizer Arm spaltet. Die Vegetation hat tropische Fülle.

Die wilde Höri erleben

Wer die Höri unverfälscht genießen will, der sollte abseits der asphaltierten Straßen über die Uferwege gehen. Ein guter Ausgangspunkt ist zum Beispiel Horn (Kirche), wo man nur wenige hundert Meter seitab der Tour die urtümliche Seite der Insel erleben kann. Es lohnt sich natürlich auch, auf diesen Wegen einige Kilometer durch die Natur zu spazieren!

Die Tour führt auf einem Umweg über Gaienhofen weiter zum „Kap Horn" (an der Spitze der Höri bei Horn) und zum Schlössle, einem der schönsten Cafés am Untersee.

Zurück durch das Naturschutzgebiet Aachried

Auf der Rückfahrt kann man ab Moos einen anderen Weg nach Radolfzell nehmen und zwar durch das Naturschutzgebiet Aachried: Man gleitet auf kleinen Brücken über Bäche, die das Ried durchziehen. Der Asphalt ist phantastisch, der Weg völlig autofrei, weshalb auch viele Inline-Anfänger hier ihre ersten Fahrversuche absolvieren.

Tour 5

Sehenswertes entlang der Tour

Radolfzell

Das Münster wurde an der Stelle erbaut (1436-1520), wo Bischof Radolf von Verona seine Zelle hatte. Daher der Name Radolfzell! Schöne sehenswerte Altstadt.

Hermann-Hesse-/Höri-Museum

Von 1904 bis 1907 lebte Hermann Hesse in Gaienhofen in einem idyllischen Bauernhaus, in dem heute das Hermann-Hesse-Museum eingerichtet ist. Im benachbarten Höri-Museum sind Bilder der Höri-Maler, wie Otto Dix und Erich Heckel ausgestellt, die von den Nazis als entartete Künstler verfemt wurden und wegen der Nähe zur Schweiz auf der Höri Zuflucht suchten.
Außer Ausstellungen zu den Höri-Dichtern und -Malern (Max Ackermann, Otto Dix, Erich Heckel u. a.) findet man hier auch sehenswerte und interessant präsentierte Funde aus der Steinzeit. Gemütliches Ambiente. Kapellenstraße (an der Connecttour nach Stein a. R.). Tel. (07735) 8 18 37. Apr.-15. Okt. Di.-Sa. 14-17, So. 11-17, 16. Okt.-31. März Fr., Sa. 14-16, So. 11-16 Uhr (Hermann-Hesse-Haus im Winter geschlossen). Internet: www.hermann-hesse-hoeri-museum.de

Otto-Dix-Haus in Hemmenhofen

Leben und Werk des berühmten Malers in seinem ehemaligen Wohnhaus. Am Otto-Dix-Weg oberhalb der Bundesstraße am Ortsausgang von Hemmenhofen. Liegt auf Connecttour 5 C. Ostern bis 31 Okt. Mi.-Sa. 14-17, So. und Feiertag 11-18 Uhr. Tel. (07335) 31 51.

Stein am Rhein

Schmuckes Museumsstädtchen mit viel Tourismus. Sehenswert ist vor allem der Marktplatz mit Rathaus und das Kloster St. Georgen.

Sonstiges

Gastronomie
- Das **Café Schlössle** in Horn liegt wunderschön in einer Bucht zwischen der Insel Reichenau, dem Schweizer Ufer und der Halbinsel Höri.
- Radolfzell: **Café-Bar Nordbahnhof** (In-Kneipe, vor allem abends beliebt).

Strandbäder
- **Strandbad Moos.** Ruhiges und verschlafenes, aber hübsches Bad mit Blick auf Radolfzell. In Moos Richtung Hafen (Dorfstraße), dann rechts in den Strandweg Richtung Iznang.
- Etwas schwerer zu finden: **Strandbad Horn** am Campingplatz (nahe der Tour zwischen Gaienhofen und Horn).

Die Route

1 Startpunkt ist der **Bahnhof in Radolfzell.** Man verlässt die Gleisunterführung nicht in Richtung Innenstadt, sondern zur Uferpromenade. Dort rechts dem **Radschild** <Stein am Rhein – Moos> folgen. Nach 400 m an der **Weggabelung nicht dem Radschild nach links** folgen, sondern geradeaus weiter. Nach 300 m an der **Kreuzung** geradeaus.

2 Der Rad- und Fußweg führt etwas später bis nach **Moos.** Man folgt der **Radolfzeller Straße** durch Moos (heißt später **Iznanger Straße**) bis nach **Iznang** (Rad und Fußweg an der Straße entlang).

3 In Iznang weiter an der Straße entlang durch den Ort (heißt jetzt **Höristraße**). Man kommt an der Straße entlang (linke Seite) weiter bis **Gund-**

holzen. Gleich am Ortseingang von Gundholzen wechselt man am besten die Straßenseite nach rechts (Gehweg!). Am Ortsausgang – solange man die Straße gut einsieht – wieder auf die linke Seite wechseln.

4 Am **Ortsausgang** von Gundholzen nimmt man den **Radweg,** der an der linken Straßenseite entlang weiter nach Horn führt. Etwa 300 m vor dem Ort Horn fährt man bei einer **Bank** links, wenig später wieder rechts (Landwirtschaftswege). Nach etwa 400 m (immer auf Asphaltwegen bleiben!) folgt man dem Rechts-Schwenk des Weges und kommt an der **Horner Kirche** vorbei. Der Weg trifft auf die befahrene **Hauptstraße.** Jetzt links (besserer Gehweg auf der anderen Straßenseite).

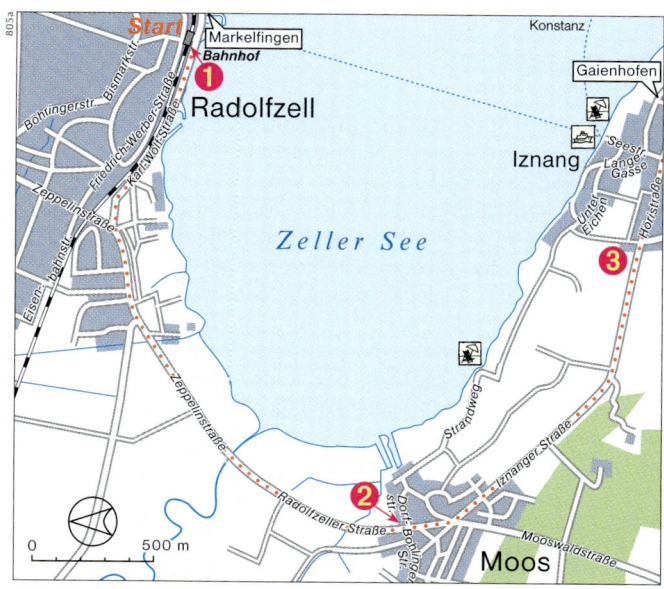

⚠ Gefährliche Kreuzung! Vorsicht auf dem Kopfsteinpflaster. Ungeübte sollten abschnallen!

Man fährt durch Horn. Am **Ortsausgang** auf der
linken Straßenseite fahren. Hier verläuft der Weg
nach Gaienhofen an der Straße entlang.

5 Weiter zur Gartenwirtschaft Schlössle: Hierzu
am Ortseingang von **Gaienhofen** 10 m über
Kopfstein, dann scharf links (der Weg heißt **Im
Bänkle**). Immer dem Weg folgen, nicht auf Schot-
terwege abbiegen. Auch beim **Campingplatz** geradeaus weiter. Erst bei den ersten Häusern folgt man
dem Rechts-Schwenk des Weges. Der Weg endet
an der Kreuzung **Strandweg/Hornstaaderstraße.**
Hier rechts zum Schlössle.

6 Andere Rückfahrt über das Naturschutzgebiet Aachried: Man nimmt den gleichen Weg zurück bis Moos. In **Moos** am Ortsausgang (letzte Straße) links (bei Fußgänger-Ampel/Gasthof Grüner Baum) in die **Bohlinger Straße.** Nach 10 m rechts in die **Böhringer Straße.** Es geht lange geradeaus durchs **Naturschutzgebiet.** Der Weg trifft auf die **Hauptstraße.** Hier diese überqueren, rechts und 200 m später noch einmal die Straße überqueren und geradeaus weiter. Nach ca. 300 m links, also nicht an der Hauptstraße entlang weiter.

⚠ Klebrige Asphaltausbesserungen!

Immer auf dem Asphalt bleiben bis **Böhringen.** Hier geradeaus weiter in den **Achweg.** Dieser trifft auf die befahrene **Singener Straße.** Hier rechts. An der Straße entlang bis Radolfzell. Am **Kreisverkehr** beim Ortseingang Radolfzell rechts in die **Zeppe-**

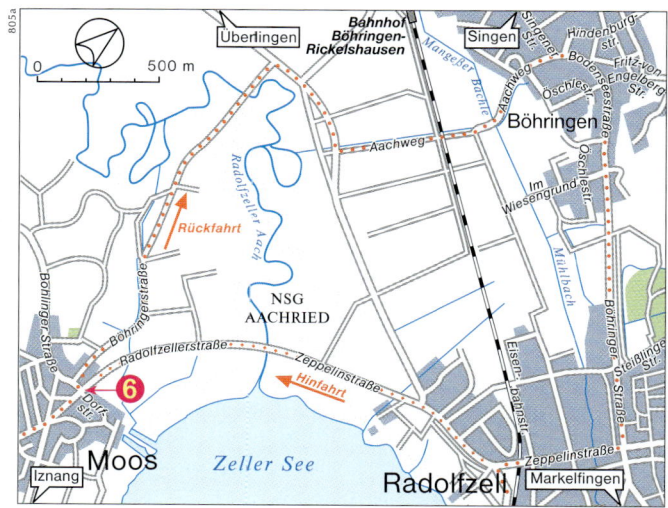

linstraße (Industriegebiet). Nach 300 m über die **Brücke.** Gleich nach der Brücke 180°-Kehrschleife (Sackgassenschild ignorieren). Man kommt wieder zum Startpunkt Bahnhof Radolfzell.

Connecttour 5 C: Von Gaienhofen nach Stein am Rhein

Die Strecke wird öfter vorgestellt, die Weiterfahrt nach Stein am Rhein ist aber nur etwas für sehr sichere Skater und Kampfnaturen, die die Bremstechnik perfekt beherrschen. Aber selbst dann sind einige Abschnallaktionen nötig. Die Connectstrecke führt am Schweizer Arm im Schatten des Seerückens und des Schiener Bergs entlang.

Streckenbeschreibung

Am **Ortseingang Gaienhofen** biegt man nicht links in den Weg Zum Bänkle ab, sondern überquert die **Hauptstraße.**

⚠ Hier muss man abschnallen (starke Gefälle) und bis zum Ortsende zu Fuß gehen.

Nach dem Überqueren der Hauptstraße kurz geradeaus weiter, dann links und dem Schwenk des **Kapellenweges** folgen.

Der Kapellenweg mündet in die befahrene Straße **Zur Hohenmarkt.** Hier links (Gefälle!). Nach 250 m stößt man wieder auf die **Hauptstraße.** Hier rechts. Dann der Hauptstraße durch Gaienhofen folgen.

Am **Ortsausgang** ist wieder (auf der rechten Seite) ein guter Radweg (hier kann man wieder anschnallen) bis **Hemmenhofen.** Hier am Ortseingang links, die steile **Dorfstraße** runter, nach 50 m wieder links, dann rechts in die **Uferstraße.**

Am Ende Rechts-Schwenk in die **Kirchsteig.** Diesem bis zur Hauptstraße folgen, dann diese überqueren (gefährliche Kreuzung! Abschnallen!) und links in die **Otto-Dix-Straße** (Verkehr!). Diese trifft nach 300 m wieder auf die Hauptstraße.

▮ In diesem Eck bitte sehr vorsichtig sein: Die gefährliche Kreuzung kommt überraschend und wird leicht übersehen!

Man überquert die Hauptstraße und fährt dann rechts auf den Landwirtschaftsweg. Auf diesem nach **Wangen,** dann der Hauptstraße folgend durch den Ort. Nach Rechts-Schwenk der Hauptstraße links zum **Campingplatz** (Radschild) und dort sofort wieder rechts (Verkehr!).

An der **Höri-Strandhalle** vorbei und dann links auf der Hauptstraße (Gehweg!) weiter. Man kommt nach einigen hundert Metern auf einen Radweg. Nach längerer Steigung links (Radschild <Stein am Rhein>) durch eine 30er Zone steil die **Schlossstraße** runter.

▮ Steiles Gefälle, oft feucht und rutschig mit Verkehr! Abschnallen!

Diese mündet in die **Uferstraße.** Weiter geradeaus. Die Uferstraße heißt später **Rheinstraße.** Danach weiter geradeaus. Man kommt 500 m über Schotter (**Rhigüetliweg**) in die Schweiz. Am Ende des Wege links ins Zentrum von Stein am Rhein.

021bo Abb. pg

Tour 6

Der Fjord –
von Stein am Rhein
nach Steckborn

Tour 6

◀ *Vorderseite:*
Der Turmhof in
Steckborn

Überblick

Bei Stein am Rhein verlässt der Rhein den Bodensee. Mancherorts sieht es schon aus wie im Rheintal, stellenweise erinnert der Seearm aber auch an einen nordischen Fjord. Auf der Route gibt es wunderschöne breite und gut asphaltierte Wege und großartige Ausblicke auf den Untersee!

Die Tour ist kaum bekannt und auf den meisten Karten noch nicht verzeichnet! Bei der Orientierung hilft aber die im doppelten Sinne „ausgezeichnete" schweizer Radwegbeschilderung!

Charakter der Tour

Tourer-Hochburg Stein am Rhein

In Stein am Rhein geht es los. Mehr „Mittelalter" als in diesem Miniaturstädtchen mit den vielen lebens-

---

Auf einen Blick

- *Schwierigkeit, Gefälle:* Für Fortgeschrittene. Weitgehend eben. Einige kurze (aber steile) Steigungen und Gefälle.
- *Belag:* Zu 100 % Asphalt bis 500 m vor Ortsschild Steckborn.
- *Sicherheit:* Verkehr auf einigen kurzen Passagen, meist rund um die Bahnhöfe in Eschenz und Mammern. Nach Mammern kommt ein Bahnübergang, an dem man abschnallen muss (Verkehr und Gefälle!).
- *Länge:* 22 km bis Steckborn und zurück.
- *Eigenschaften:* Mit Ausnahme der Ortsdurchfahrt in Eschenz (Verkehr!) und Mammern eignet sich die Strecke auch zum Fitnessskaten.
- *Anfahrt:* Stein am Rhein hat gute Zuganschlüsse von Konstanz (über Kreuzlingen) und Schaffhausen.
- *Rückfahrt:* Vom Bahnhof in Steckborn verkehren regelmäßig Züge zurück nach Stein am Rhein.

froh bemalten Häuserfassaden geht nicht, obgleich der ganze Kernort im Grunde nur aus dem **Markt-platz** besteht, der einer großen Stadt würdig wäre. Hier allerdings findet man alles geballt auf engstem Raum: Erker, Türmchen, Fachwerk ... Der Marktplatz ist Treff- und Rastplatz für Tourenfahrer aus der Gegend, allerdings vorwiegend Radler, denn die Inline-Strecke am Schweizer Arm des Untersees entlang ist noch recht neu und unbekannt.

Die alte **Rheinbrücke** von Stein am Rhein ist einer der auffälligsten Orte am Bodensee: Zur Linken breitet sich der See mit der Insel Werd aus und zur Rechten verlässt der Rhein nach seinem langen Unterwassermarsch den See und macht und sich auf den Weg in die Nordsee.

Fjord und Rheintalstimmung

Der Schweizer Arm des Untersees liegt eingebettet wie ein Fjord zwischen den Schiener Bergen und dem 700 m hohen „Seerücken". Der Weg führt am Rande dieser Hügel entlang, so dass man einen hervorragenden Panoramablick über den ganzen Unterseearm hat.

Von den Bergkuppen lugen alte Burgen und Schlösser herunter, wie Burg Hohenklingen in Stein am Rhein. Je weiter man fährt, desto weniger Platz bleibt zwischen den Bergen und dem See für die kleinen Ortschaften. Teilweise sind diese auf inselartigen Vorsprüngen erbaut und man wird an das Rheintal erinnert.

Typisch Schweiz

Die Wege auf dieser Tour sind erstklassig. Man kann Tempo machen und kommt schnell voran. Nur an einer einzigen Stelle ist eine Pause zum Füße Lüften angesagt: Ein unübersichtlicher Bahnübergang mit

Tour 6

Verkehr muss zu Fuß überquert werden, dafür geht es sofort danach wieder auf einem schönen Radweg weiter.

Die Strecke ist hervorragend mit unübersehbaren Schildern ausgezeichnet. Damit sich auch garantiert niemand verfährt, wurden an fast jeder Kreuzung zudem Richtungsweiser auf die Fahrbahn gepinselt. Aufpassen sollte man jedoch kurz nach dem Bahnhof in Eschenz, hier weicht die Streckenführung auf einem kurzen Abschnitt von der offiziellen Radroute ab.

Steckborn

Die Tour endet etwa 500 m vor Steckborn an einer Schotterpiste. Es lohnt aber, das kleine 3500-Einwohner-Städtchen mit vielen Fachwerkhäusern und Erkern (wenn auch nicht ganz so bilderbuchmäßig wie Stein am Rhein) anzusehen. Der ganze Untersee breitet sich vor der beeindruckenden Kulisse des Turmhofes aus!

Lohnend ist ein Ausflug durch das Rathaustor zur Schiffslände: Schöner Blick über den See und auf den Turmhof (ursprünglich klösterlicher Stützpunkt – heute Heimatmuseum). Von der Schiffslände legt die Solarfähre ab: UMWELTSCHUTZ wird am Untersee groß geschrieben.

Sonstiges

Gastronomie
● Der **Marktplatz in Stein am Rhein** ist Treffpunkt von Radtourern (aber sehr touristisch).

Strandbäder
● **Strandbad Steckborn** (kleines und wenig spektakuläres Bad) liegt am Ende der Tour (Ortseingang Steckborn).

Mit dem Zug nach Berlingen, Mannenbach, Ermatingen und Gottlieben

Es lohnt sich, mit dem Zug (fährt im 30-Minutentakt) von Steckborn oder Berlingen nach Mannenbach oder sogar noch weiter bis Ermatingen oder Gottlieben/Tägerwilen zu fahren. Zahlreiche Burgen und Schlösser reihen sich auf den Berghängen aneinander, wie die Ruine Randegg, Neuburg, Schloss Freudenfels, Liebenfels, Glarisegg, Eugensberg und Arenenberg (Napoleonmuseum). Einige dieser Herrensitze, wie Arenenberg, wurden Zufluchtsort der Exilfranzosen rund um Napoleon III., der von hier aus Machtträume sponn und seine Putschversuche plante.

Das malerische Gottlieben (am Bahnhof Gottlieben/Tägerwilen aussteigen) ist mit 300 Einwohnern die kleinste Gemeinde der Schweiz. In den Türmen der Bischofsburg war Papst Johannes XXIII. inhaftiert.

Ganz in der Nähe von Gottlieben liegt das Tägerwiler Badi, eines der skurrilsten Strandbäder am Bodensee: Man hat eine wilde Auenlandschaft vor sich (das Naturschutzgebiet Wollmatinger Ried). Der See ist hier nur etwa 300 m breit. Schiffe quetschen sich durch die Seeenge und tauchen unverhofft aus dem dichten Schilf auf. Die Liegewiese gleicht einer Lichtung im Wald. Die Anlage mit Kiosk und Sprungturm und „viel Holz" erinnert an Badeflair um die Jahrhundertwende. Zu finden in Gottlieben, auf Höhe der Drachenburg, rechts, ca. 300 m auf Schotterweg bis zum Bad.

022bo Abb : PS

Tour 6

Die Route

1 Startpunkt ist der **Bahnhof in Stein am Rhein.** Wer von den Gleisen durch das Bahnhofsgebäude kommt, hält rechts. Man schnallt am besten erst nach etwa 250 m (nach dem Bahnübergang) an. Hierzu am Ende der Straße rechts über die Gleise und gleich danach sofort links in den **Radweg** (Radschild <Kreuzlingen> folgend).

Es folgt ein hervorragender Weg, der so gut ausgeschildert ist, dass sich bis Eschenz eine Streckenbeschreibung erübrigt. Streckenhinweise findet man sowohl auf den unübersehbaren roten Radschildern als auch auf dem Asphalt. Die Route verläuft fast immer an der Bahnlinie entlang, an der man sich im Zweifelsfall orientiert. Immer auf den Asphaltwegen bleiben!

2 Die Strecke führt nach **Eschenz** und trifft auf den Fuchsackerweg. Weiter dem Radweg (Beschilderung) folgen.

Man kommt schließlich in Eschenz an eine größere Kreuzung mit einer befahrenen Straße und ge-

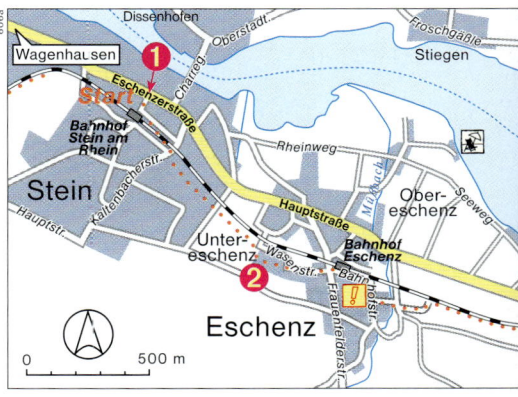

langt über einen Links-Rechts-Schwenk zum Bahnhof Eschenz.

⚠ Auf der gesamten Ortsdurchfahrt muss man immer wieder mit Verkehr rechnen (StVO!).

Man lässt den Bahnhof links liegen. Die Straße macht wenig später einen Rechts-Schwenk. Kurz danach links (sieht aus, als fahre man in einen Fabrikhof). Nach weiteren 50 m Rechts-Links-Schwenk in die **Durstenstraße** (Verkehr!). Es folgt noch mal ein Links-Rechts-Schwenk und man befindet sich wieder auf einem schönen Radweg an den Bahnschienen entlang. Man folgt jetzt wieder der Beschilderung (Radschild <Mammern/Steckborn>) bis **Mammern.**

⚠ Achtung: kurze, aber steile Gefälle!

❸ Der Weg mündet in Mammern in die **Huebäckerstraße** Man folgt dem **Radschild** <TOUR 2> zunächst nach links über die Schienen dann nach rechts (Bahnhofstraße). An der nächster

Kreuzung links, dann auf dem Zebrastreifen über die Hauptstraße und rechts auf dem Gehweg an dieser Straße entlang durch Mammern.

4 Nach 300 m kommt man zu einem **Bahnüber-gang.** An diesem Bahnübergang unbedingt abschnallen! Hier hat man Gegenverkehr! Unmittelbar danach kann man wieder anschnallen.

Nach dem Bahnübergang sofort links. Der Weg führt ca. 3,5 km an der Straße entlang und endet schließlich an einer Schotterpiste.

Connecttour 6 C:
Steckborn – Berlingen

Etwa 500 m vor dem Steckborner Ortschild endet der Asphaltweg. Wer nach Steckborn weiter möchte, um sich die Stadt anzusehen oder um auf der Connecttour nach Berlingen weiterzuskaten, muss erst über eine Schotterpiste (bis Ortseingang Steckborn). Auch die Ortsdurchfahrt Steckborn ist wegen

Kopfsteinpflaster nicht ganz ohne. Zwischen Steckborn und Berlingen kann man wieder ungehindert auf einem schönen Radweg skaten.

Streckenbeschreibung

Man kommt im Anschluss an das **Schotterstück** (abschnallen) an ein Stopp-Schild **(Glarisegger- weg).** Hier links durch die Unterführung und nach 50 m wieder rechts auf dem Gehweg an der Haupt- straße entlang. Hier kann man wieder anschnallen und bis Steckborn skaten.

Wer weiter nach Berlingen will, folgt der Haupt- straße (am See) durch **Steckborn.**

Achtung: Längere **Kopfsteinpassage!** Unbedingt auf dem Gehweg bleiben. Hier empfiehlt es sich, zu Fuß zu gehen.

Zwischen Steckborn und Berlingen wird man mit einem schönen **Radweg** entschädigt.

Tour 7

**Am Schweizer Ufer –
von Konstanz nach Romanshorn**

Überblick

Die Tour durchs Thurgau gilt als Klassiker unter den Bodenseetouren. Auf dem gut ausgeschilderten „Skatehighway" kommt man über perfekten Asphalt wie im Flug bis nach Romanshorn. Die Strecke führt ca. 24 km lang durch ein flaches, weites und landwirtschaftlich geprägtes Kulturland bis fast an die Alpenkulisse heran. Das touristisch wenig überlaufene Schweizer Bodensee-Ufer gilt noch als echter Geheimtipp!

Auf einen Blick

- **Schwierigkeit, Gefälle:** *Für Skater mit Grundkenntnissen. Ab Freibad/Seebad Kreuzlingen ist die Strecke leichter zu fahren. Weitgehend eben. Kurze Gefälle zum Beispiel vor Unterführungen und in Romanshorn (Stadt).*
- **Belag:** *Durchgehend Asphalt. Meist sehr guter Belag.*
- **Sicherheit:** *Auf Verkehr - hauptsächlich bei den Ortsdurchfahrten - achten. Wie so oft auf Bodensee-Radwegen fehlen hier Gehwege! Vorsicht: Radler haben Vorrang! Aufpassen bei den zahlreichen Bahnübergängen!*
- **Länge:** *Ca. 24 km in einer Richtung.*
- **Eigenschaften:** *Schöne, unkomplizierte Speedstrecke fast ohne Unterbrechungen. Allerdings muss man hin und wieder auf Verkehr achten!*
- **Anfahrt:** *Konstanz (Bahnhof) ist auch über die Fähre (und Bus) von Meersburg erreichbar. Zuganschlüsse von Kreuzlingen und von Singen, Radolfzell.*
- **Rückfahrt:** *Die Strecke wird von einer Bahnlinie begleitet. Die Rückfahrt ist sowohl von Romanshorn als auch von unterwegs kein Problem.*

Tour 7

Charakter der Tour

Klein-Venedig

Vom Konstanzer Bahnhof ist es nur ein Katzensprung bis zur **Schweizer Grenze.** Am besten man schnallt erst an, nachdem man die Bahngleise auf einer Brücke überquert hat. Der kleine Grenzposten nach Kreuzlingen ist in der Regel nicht besetzt.

Kreuzlingen

Seemuseum und Seeburg: In der ehemaligen Kornschütte im Seeburgpark (liegt an der Strecke) ist das Seemuseum untergebracht. 1000 m² Ausstellungsfläche zu Themen rund um den See. In der Seeburg gibt es auch ein Terrassencafé. April-Okt. Mi., Sa., So. 14-17, Nov.-März So. 14-17 Uhr. Tel. (004171) 6 72 38 40.

Das **„Klein-Venedig"** genannte Areal heißt nicht zufällig so. Die Türmchen von Konstanz erinnern hier tatsächlich ein bisschen an die Lagunenstadt. Wenig später trifft man auf den **Seeburgpark** mit alten und exotischen Bäumen. Hier muss man leider erst eine Schotterpassage umfahren.

Das Schweizer Bodenseeufer: Verträumt, urig und unverdorben

Das Schweizer Bodenseeufer ist touristisch wenig überlaufen und auch mehr verbaut (Villen, Gärten, Ferienhäuser ...) als die deutsche Seite. Dafür aber ist es uriger und natürlicher. Zahlreiche Gehöfte, Wiesen und Weiden begleiten die Wege. Hier regiert der Alltag und es lohnt schon deshalb vorbeizuschauen. Man stößt auf verträumte Örtchen mit alten mächtigen Pappeln und stillen Schiffsanlegestellen, die die Schweizer gerne zu Badeplätzen umfunktionieren. Die Strandbäder sind meist einfach (Dusche und Liegewiese), dafür aber kostenlos. Touristen wird man auch hier seltener antreffen. Im Kontrast dazu stehen – wie überall am Schweizer Seeufer – die sehr guten Zuganschlüsse.

Liebe auf den Zweiten Blick ...

Die Schweizer Bodensee-Seite erschließt sich meist erst auf den zweiten Blick. Dafür kommt man dann nicht mehr von ihr los. Gut, der Bodensee wirkt hier weit und flach. Die malerische Alpenkulisse – wie man sie von der deutschen Seite genießen kann – gehört zunächst nicht zum Seeblick. Auch steil und malerisch ans Ufer abfallende Weinberge und Hügel fehlen. Dafür kann man charmante unverbrauchte Winkel entdecken, wo man unter Einheimischen verkehrt und wo die Uhren anders zu ticken scheinen. Das bedeutet allerdings nicht, dass man im Thurgau „hinterher" ist: Ganz im Gegenteil! Auf der Schweizer Seite begann der Prozess der Industrialisierung im Bodenseeraum! Aber gerade am Wochenende, wenn das deutsche Ufer sehr überlaufen ist, findet man hier noch reichlich Platz.

Romanshorn – Hauptstadt „Mostindiens"

Romanshorn, das Ziel der Tour, hat den größten **Bodensee-Hafen.** Auch wenn die Bodensee-Schifffahrt ihre einstige Bedeutung eingebüßt hat (schöne große Lagerhallen zeugen noch davon), ist der Romanshorner Hafen mit dem direkt angeschlossenen Bahnhof doch ein wichtiger Verkehrsknotenpunkt. Hier wird umgestiegen und gerastet. Die kleine Café- und Kneipenszene hat sich wie in südlichen Städten rund um den betriebsamen Hafenbahnhof angesiedelt, so dass man gelassen dem Treiben zusehen kann.

Einerseits ist Romanshorn die Hauptstadt des so genannten **„Mostindien",** des Schweizer Obstbauzentrums (ein beachtlicher Teil der gesamten Schweizer Obsternte wird von Thurgauer Plantagen eingebracht, daher auch der Name), andererseits aber bildet die Stadt auch den Übergang ins Voralpenland. Von hier an schieben sich die mächtigen Schweizer Berge zunehmend ins Blickfeld.

Sonstiges

Gastronomie

- Unterwegs stößt man auf kleine ruhige Cafés, oft bei den Bahnhöfen.
- In **Uttwil** im Bad-Hotel schöne Terrasse direkt am See (zum „Apfelschorle schlürfen").
- Wer lieber Rummel möchte, fährt bis **Romanshorn** zum Bahnhof (Cafés am und im Bahnhof).

Strandbäder

- Kleine **Strandbäder mit freiem Eintritt** an der Strecke.
- Etwas extravagant: Auf dem Landungssteg am **Bad-Hotel Uttwil** wird gerne „wild" gebadet. Nebenan gibt es auch ein Strandbad.

Die Route

❶ Startpunkt ist der **Bahnhof Konstanz.** Wer auf den Bahnhofsvorplatz kommt, hält sich links und am Ende des Bahnhofsgebäudes (Schweizer Bahnhof) nochmals links. Eine **Brücke** führt über die Schienen hinweg. Nach der Brücke rechts in die **Hafenstraße.**

Man kommt geradeaus auf die **Schweizer Grenze** zu. Direkt nach der Grenze kann man anschnallen. Geradeaus weiter in die **Seestraße.** Nach ein paar hundert Metern steuert man auf den **Seeburgpark** zu. Hier muss man eine Schotterpiste umfahren und kann ausnahmsweise nicht den Radschildern folgen. Deshalb vor dem Park rechts, kurz danach über die Schienen.

❷ Man kommt zur Kreuzung mit der befahrenen **Hafenstraße,** diese überqueren, dann links an dieser entlang (heißt später **Seetalstraße).** Beim **Kreisverkehr** am Bahnhof Kreuzlingen-Hafen geradeaus weiter. Auch beim nächsten Kreisverkehr geradeaus weiter. Erst an der Kreuzung mit der **Blei-**

chestraße (wieder Kreisverkehr, beim Migros-Markt) links über den Zebrastreifen, in die Bleichestraße und nochmal über den Zebrastreifen, um die Straßenseite zu wechseln. Man fährt jetzt also auf der rechten Seite auf dem Fuß- und Radweg den Berg hinunter. Am Ende der Straße nach rechts in die **Schwimmbadstraße** (Radweg). Jetzt geradeaus und weiter der Straße folgen.

⚠ Freibadverkehr!

❸ Beim **Bahnübergang** in **Bottighofen** links (Gehweg, Gefälle!) und dann dem Radwegschild folgend nach rechts. An den Schienen entlang bis Münsterlingen.

Nach dem Wassersportcenter über kleine **Brücke** und an den Schienen entlang weiter geradeaus.

⚠ In der Unterführung Ortseingang Münsterlingen unbedingt Gehweg benutzen – Verkehr!

❹ Nach kurzer Steigung links, zum **Bahnhof Münsterlingen/Scherzingen.** Der Weg führt

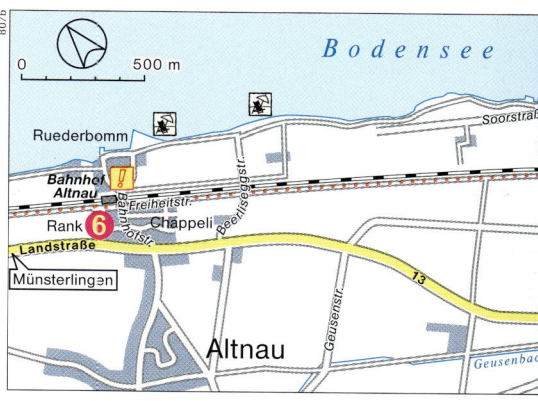

um den Bahnhof herum, dann geradeaus an den Schienen entlang weiter.

Aufgepasst: Nach 300 m bei einer Fabrik **nicht dem Radschild folgen,** sondern kurz geradeaus weiter (schmaler Pfad). Am Ende des Pfades hält man kurz rechts auf den **Parkplatz** zu, dann sofort links auf dem Gehweg über den Parkplatz bergab, nach 100 m durch die **Unterführung,** dann nach 50 m rechts über den Zebrastreifen in den Rad- und Fußweg und weiter **am See** entlang.

5 Vor dem Schotterweg beim **Tennisplatz** rechts und weiter an den Schienen entlang. Man kommt nach **Seedorf/Landschlacht.** Beim Campingplatz rechts über den **Bahnübergang** (Radschild folgen), danach links auf der anderen Seite der Schienen weiter.

6 Der Weg führt am **Bahnhof Altnau** vorbei.

! Unübersichtliches, gefährliches Eck! Kreuzende Straße!

7 Geradeaus weiter, den Bahnhof links liegen lassen. Der **Bodensee-Radweg** führt jetzt weiter bis **Güttingen.** Bei einem Beton-Turm über den Bahnübergang nach links (Radschild folgen), weiter auf der anderen Seite der Schienen. Der Bahnweg endet kurz nach dem Bahnhof Güttingen. Links dem **Radschild** folgen, nach 200 m rechts.

⚠ Verkehr, gefährliche Kreuzung!

Man kommt über eine **Brücke,** danach rechts (Radschild folgen). Nach 400 m kommt man über einen **Bach** und fährt dann rechts. Dem **Radweg** folgen bis nach Seedorf-Kesswil. Gegen **Ortsende** dem Radschild nach rechts folgen und vor dem **Bahnübergang** wieder links.

8 Der Weg führt nach **Uttwil.** Nach dem Campingplatz geht es rechts durch eine Unterführung. Nach 30 m links (Radschild) in den **Schrammweg.**

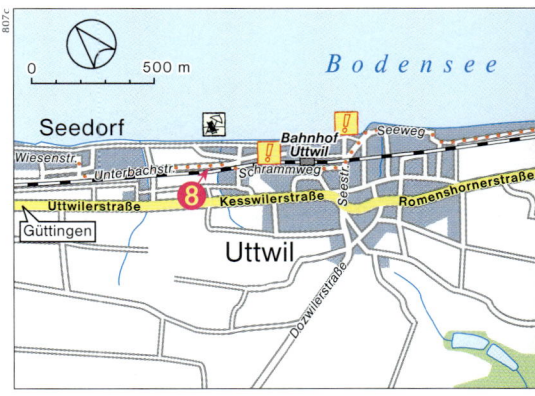

⚠ Gegenverkehr, rechts halten!

Der Weg führt zum **Bahnhof Uttwil.** Beim Bahnübergang links, danach rechts. Dieser Weg führt später wieder zur **Bahnlinie** hoch. Dann weiter bis nach **Romanshorn.**

9 Kurz nach dem **Freibad** in Romanshorn aufpassen: Nach der **Maschinenfabrik** dem Rechts-Schwenk der Straße folgen. Man kommt auf die **Romanshorner Kirche** zu. Bei der Kirche geradeaus über den Zebrastreifen in die **Kirchgasse.** Der Gehweg auf der rechten Seite hat den besseren Asphalt.

Am Ende der Straße links, nach 50 m rechts über den **Bahnübergang,** dann links zum **Bahnhof** von Romanshorn.

038bo Abb. pg

Tour 8

**Am „Lago di Arbon" –
von Romanshorn
nach Rorschach**

Überblick

Romanshorn ist das Tor zu den Alpen. Bei einiger-
maßen klarer Sicht hat man auf der ganzen Tour die
verschneiten Berggipfel im Blick. Aber zugegeben:
Die Strecke verläuft fast ausschließlich auf Gehwegen, öfter sogar an befahrenen Straßen entlang (der
Uferweg für Radler ist leider geschottert).

◀ Ein Kuriosum: glückliche Bananenstaude und Fachwerk

Dafür ist die Landschaft kontrastreich: Wenn das
dichte Schilf im Wind schaukelt, wird man an die
weiten Dünen der Nordsee erinnert. Die Alpengip-
fel am Horizont und die Türmchen des an den
Hang gebauten Arbon hingegen lassen an die italienischen Alpenseen denken.

Auf einen Blick

- **Schwierigkeit, Gefälle:** *Für Fortgeschrittene. Die Strecke ist fast durch-
weg eben. Kurzes Gefälle nach Romanshorn (Arboner Straße).*
- **Belag:** *Eine ca. 500 m lange Schotterpassage, sonst durchgängig Asphalt,
allerdings vorwiegend auf Gehwegen an befahrenen Straßen entlang.*
- **Sicherheit:** *Die Tour erfordert wegen der Nähe zum Verkehr gute
Fahrtechnik und Konzentration. Immer einen Seitenblick in Quer-
straßen werfen, Autofahrer rechnen meist nicht mit kreuzendem Geh-
und Radweg.*
- **Länge:** *Ca. 25 km bis Staad/Altenrhein (Hundertwasserhaus) in einer
Richtung.*
- **Eigenschaften:** *Die Tour eignet sich nicht zum Fitnessskaten. Auf den
Gehwegen kann man kein Tempo machen. Die Strecke ist deshalb eine
reine „Erkundungstour".*
- **Anfahrt:** *Mit der Bahn kommt man schnell und unkompliziert von
Konstanz/Kreuzlingen nach Romanshorn (30-Minutentakt). Mit dem
Schiff: Fährverbindung Friedrichshafen-Romanshorn (ca. 5 Euro einfach
pro Person). Linienschiffe: Konstanz/Arbon.*
- **Rückfahrt:** *Gute Zugverbindungen von Rorschach nach Romanshorn.*

Tour 8

Charakter der Tour

Arbon

In der **Altstadt** von Arbon gedeiht eine der „fittesten" Bananenstauden, die man im mitteleuropäischen Freiland finden kann. Kein Wunder, nannten doch schon die Römer den Ort „Arbor felix", was so viel heißt wie glücklicher Baum. Alte Fachwerkhäuser, mittelalterliche Wehrgänge und Stadtmauern, aber auch schmucke Handelshäuser und die großstädtische Quartierbauweise (Posthof) verleihen der Stadt ein eigentümliches Flair zwischen Old-Germany und Italien.

Arbon

In Arbon sollte man sich zur Stadtbesichtigung Zeit nehmen. Hier hatten schon die Römer einen ihrer wichtigsten Stützpunkte. Der wuchtige Turm (Museum mit römischen Funden u. a.) steht vermutlich auf den Grundmauern des einstigen römischen Kastells. Das Haus zur Torwache liegt direkt an der Tour und fällt auf: Es wurde in die ehemalige Stadtbefestigung gebaut.

Ausflüge ins Appenzellerland

Rorschach ist der ideale Ausgangspunkt für Ausflüge ins Appenzellerland: Mit der Zahnradbahn kann man vom Bahnhof in Rorschach direkt bis Heiden fahren, dem 850 m hoch gelegenen Luftkurort (toller Blick über den See).
Infos zu Ausflügen in die Region: Appenzellerland Tourismus, CH 9050 Appenzell. Tel. 0041 / (0)71 / 7 88 96 41 oder Verkehrsamt Heiden: Tel. 00 41 / (0) 71 / 8 91 10 50.

Italienisches Flair in Rorschach

Die Tour führt weiter an der Straße entlang bis nach Rorschach. Gleich zu Beginn der lebendigen Stadt kann man auf der schönen **Uferpromenade** weiterrollen. In Rorschach spürt man die Nähe zur italienischen Schweiz: Der **Bahnhof-Hafen** (eigentlich der zentrale Bahnhof zur Stadt) mit seinen Metallsäulen könnte im Tessin stehen. Die Rorschacher **Seebadeanstalt** ist auf Holzpfählen mitten in den See gebaut, ganz nach dem Modell der Urahnen in der Steinzeit. An heißen Tagen ist sie überfüllt. Gesonnt wird auf den Stegen!

Weiter zum Hundertwasserhaus

Nach Rorschach geht es wieder auf dem Gehweg
an der Straße entlang bis zum Flugplatz Altenrhein
bzw. dem Ortsteil Staad. Land-
schaftlich gibt diese letzte Etappe
nicht viel her, aber am Endpunkt
dieser Tour, bei einem Kreisverkehr, steht Hundertwassers letztes
Haus.

Gleich gegenüber liegt der
Flugplatz Altenrhein, auf dem
manchmal auch kleinere Jets starten und landen. In der Regel geht
es aber auf dem Provinzflughafen
ruhig zu.

Hier beginnt das **Rheindelta.**
Das kleine, nahegelegene Örtchen Altenrhein heißt nicht nur
so, es liegt auch am „alten", weil

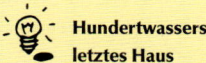

**Hundertwassers
letztes Haus**

*Das Haus am Flughafen Altenrhein
gehört zu den letzten Projekten des
berühmten Künstlers Friedensreich
Hundertwasser. Ob er tatsächlich
noch an der Baustelle war, ist allerdings ungewiss. Hundertwasser steht
für naturnahes Bauen, wobei vor
allem gerade Linien und rechte
Winkel gemieden werden. In dem
Haus gibt es ein Café (beim Flugplatz
Altenrhein-Endpunkt der Tour).*

Tour 8

nicht begradigten Rhein, der sich durch Schilfwälder in den See windet. Entdeckungstouren ins Rheindelta sollte man aber lieber zu Fuß oder mit dem Rad unternehmen, denn skaten kann man auf den Schotterwegen oder befahrenen Straßen in der Regel nicht.

Hier ist der Wendepunkt der Tour. Die Weiterfahrt auf der Connecttour 8 C bis zum Bahnhof Rheineck ist recht kompliziert.

Sonstiges

Gastronomie

- In **Arbon** an der Strandpromenade/Hafen gibt es einen Kiosk und ein Café. Hier ist es wunderschön, aber selten etwas los.
- Wer Rummel möchte, geht nach **Rorschach** in die City (viele Cafés, auch Restaurants).

> **Weitere Ausflüge in die Schweizer Hügel- und Bergwelt**
> *Von Rheineck führt eine rekordverdächtige Bergbahn nach Walzenhausen (steilste, kürzeste und schnellste Bergbahn Europas). Der 2500 m hohe Säntis ist nur einen Katzensprung entfernt (erreichbar über Bergbahnen).*

Hinterland-Skating

Es gibt auch die Möglichkeit, im Hinterland von Arbon nach Romanshorn zu fahren. Die Strecke ist aber sehr anspruchsvoll. Wer hier skaten will, legt sich am besten eine der Skate-Maps Schweiz (Bodensee 2) zu, die im Schweizer Buchhandel oder in den Infostellen der Tourismusverbände erhältlich sind. Hier findet man Strecken durchs Hinterland.

Die Route

① Startpunkt: Gestartet wird am **Bahnhof von Romanshorn.** Wer vom Bahnhof Romanshorn (von den Gleisen) kommt, hält sich links. 50 m später rechts in die **Rieslenstraße.** An der Kreuzung mit der befahrenen **Alleestraße** links auf dem Gehweg weiter. Jetzt immer an dieser Straße entlang (heißt später **Neuhofstraße)** aus Romanshorn heraus. Beim großen Kreisverkehr links über den Zebrastreifen. Es geht jetzt bergab auf der linken Seite

der **Arbonerstraße.** Nun immer an dieser Straße geradeaus weiter (heißt später **Romanshorner-straße)** bis nach Egnach.

2 In Egnach an der **Romanshornerstraße** blei-ben, die durch den Ort führt. Am **Kreisverkehr** (Kreuzung mit der Bahnhofstraße) geradeaus wei-ter über den Zebrastreifen.

Es geht an der befahrenen Straße weiter durch den **Ortsteil Buch** und ca. 100 m nach Ortsende endet der Gehweg. Beim **Schild** <Garten-Landgast-hof Seelust> nach links.

⚠ Verkehr! 40er Zone!

Man kommt an einem **Biergarten** vorbei, an der nächsten Kreuzung links auf den **Campingplatz** zu, über die **Bahnschienen,** dann rechts dem **Rad-schild** <Arbon> nach.

3 Es folgt eine längere Schotterpassage.

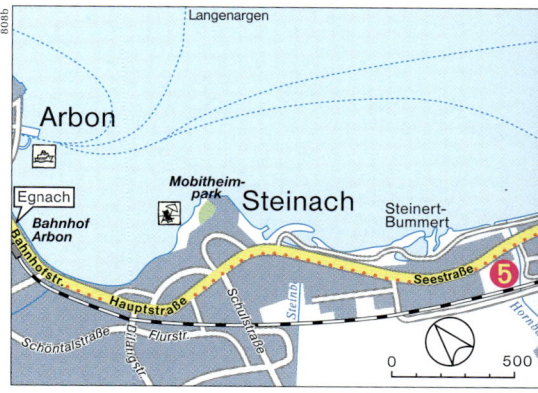

⚠ Schmaler, kurviger Weg: Entgegenkommende Radler!

Nach ca. 400 m rechts über **Bahnübergang,** dann „durch" einen **Bauernhof** (sieht aus, als fahre man durch den Hof). Jetzt geht es auf Asphalt weiter in der **Frauenbadstraße.** Diese mündet in die **Buchbornstr./Schulstraße.** Hier rechts. Nach ca. 150 m ist man wieder an der befahrenen **Egnacherstraße,** jetzt links an dieser entlang (heißt später **Romanshorner Str.**) nach **Arbon** hinein. Weiter der Straße folgen. Die Romanshornerstraße heißt später **Hauptstraße** und führt in die Altstadt von Arbon.

⚠ Einmündende Querstraßen!

④ Die Romanshorner Straße macht im Zentrum von Arbon beim **Turm** einen Rechts-Schwenk, dem man nicht (!) folgt. Man fährt stattdessen geradeaus (bzw. leicht links) weiter in die **Hafenstraße** zum See, dann unten beim **Hafen** rechts. Man folgt dem Rechts-Schwenk dieser Straße und trifft wieder

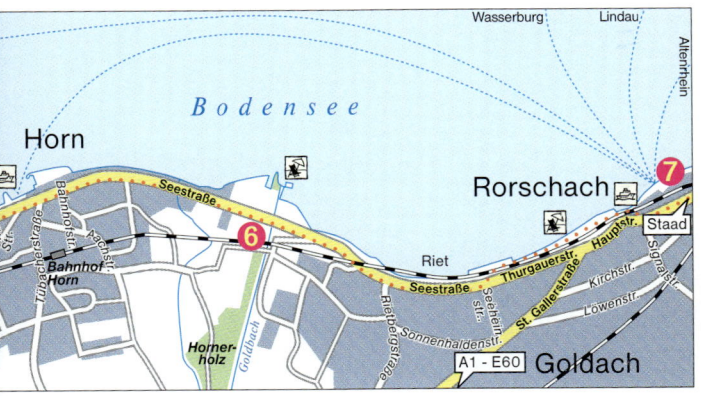

auf die befahrene Hauptstraße, die inzwischen **Bahnhofstraße** heißt. Hier links über den Zebrastreifen und an dieser Straße entlang weiter Richtung Steinach. Man kommt am **Bahnhof** von Arbon vorbei. Man bleibt immer an dieser Straße und wird so durch **Steinach** geführt. Nach Steichnach führt die Straße nach Horn.

5 Kurz vor **Horn** endet der Gehweg beim Ortsschild und man muss die Straßenseite wechseln (Vorsicht!). Weiter an der befahrenen Straße entlang durch Horn (heißt jetzt **Seestraße).** An dieser entlang kommt man weiter bis Rorschach.

6 Am Ortseingang von Rorschach gibt es einen schönen Asphaltweg **(Uferpromenade)** für Skater und Fußgänger. Dieser Weg endet beim **Bahnhof** Rorschach-Hafen.

7 Weiter zum Hundertwasserhaus: Kurz vor dem Bahnhof Rorschach-Hafen rechts über den **Bahnübergang,** dann links (am besten auf die

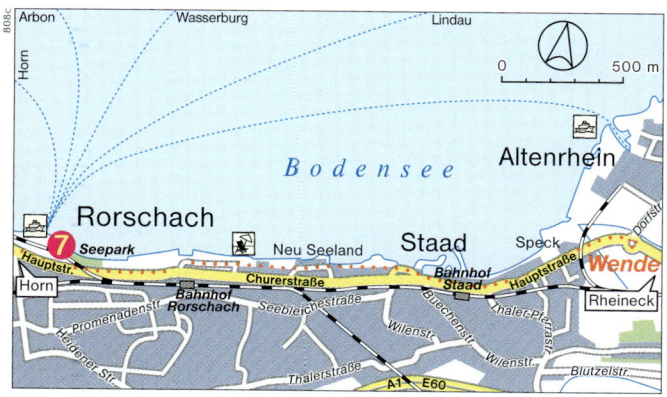

rechte Straßenseite wechseln, Fußgängerampel!)
am Bahnhof vorbei. Man kommt nach einigen
100 m zu einem weiteren **Bahnübergang,** hier links
über den Zebrastreifen und über die Schienen und
dann wieder rechts auf dem Rad- und Gehweg **am
See entlang.**

Wenig später taucht auf der gegenüberliegenden
Seite der **Bahnhof von Rorschach** auf. Weiter geradeaus am See entlang. Nach 300 m führt der Weg
zum **Strandbad** und hört scheinbar auf. Man
kommt aber über einen Rechts-Links-Schwenk auf
eine Art Hinterhofgelände **(Güterbahnhof).** 50 m
später noch mal Rechts-Links-Schwenk. Jetzt ist
man wieder auf der befahrenen **Churer Straße.** Immer an dieser bleiben (Gehweg!). Nicht dem Radschild nach links folgen

Die Churer Straße heißt später **Hauptstraße** und
führt durch den Ortsteil **Staad** und schließlich bis
zum Kreisverkehr beim **Hundertwasserhaus.** Hier
ist der Wendepunkt der Tour.

Tour 8

Connecttour 8 C:
Von Altenrhein nach Rheineck

Die Connecttour vom Hundertwasserhaus über Altenrhein nach Rheineck ist ziemlich kompliziert. Dennoch wird sie hin und wieder vorgeschlagen. Zwar sichtet man Skater um den Flugplatz herum, aber die Strecke lässt sich nicht ohne Abschnallaktionen fahren. Vom Hundertwasserhaus nach Altenrhein gibt es keinen Gehweg an der Straße entlang, sondern nur einen Radstreifen, den Skater nicht benutzen dürfen. Auch bei der Ortsdurchfahrt in Altenrhein fehlt ein Gehweg und die 40er Zone ist recht unübersichtlich. Nachdem man am Flugplatz vorbei ist, kommt man an eine gefährliche Kreuzung, wo man wiederum abschnallen sollte.

Streckenbeschreibung

Beim **Kreisverkehr** (beim Hundertwasserhaus) links in die Dorfstraße am **Flugplatz** vorbei nach **Altenrhein.** Hier muss man erst mal einige hundert Meter zu Fuß gehen.

⚠ Kein Gehweg! Nur abgetrennter Fahrstreifen! Skaten verboten!

Man folgt dem Rechts-Schwenk der Dorfstraße (Radschild <Rheineck>). An der Kreuzung nach dem Flughafen bei einem **Aussiedlerhof** geradeaus dem Radschild <Rheineck> folgen. Ebenso an der nächsten **Kreuzung.**

⚠ Verkehr! 40er Zone! Kein Gehweg! Hier darf man nicht skaten!

Kurz vor dem Rheinufer dem Rechts-Schwenk der Straße folgen **(Mennstraße/Radschild).** Man kommt „durch" den **Campingplatz** und nach ca. 100 m vor dem Klärwerk rechts (in die **Wiesenstraße**), also nicht dem Radschild folgen. Nach 100 m links am **Flugplatz** entlang (Rheinholzweg).

⚠ Verkehr!

Man folgt dem Rechts-Schwenk des **Rheinholzweges** und fährt so um den Flughafen herum. Man trifft auf die befahrene **Burietstraße.** Zum Überqueren unbedingt abschnallen! Erst nach 250 m wieder anschnallen, nach Passieren eines Bereiches mit Werksverkehr!

Nachdem man die Burietstraße überquert und den Werksverkehrsabschnitt passiert hat, mündet die Straße in einem für Kraftfahrzeuge gesperrten Weg. Es geht durch eine **Unterführung** unter den Eisenbahnschienen hindurch, nach ca. 250 m links, wieder durch **Unterführung** hindurch. **Radschild** <Buriet-Rheinuferweg> folgen. 50 m später nach rechts. Man überquert die **Buechbergstraße.** Weiter geradeaus an der befahrenen **Rorschacher Straße** entlang. Diese führt nach **Rheineck.**

Weiter auf dem Gehweg dieser Straße, man folgt also keinem der Radschilder. Schließlich Links-Schwenk der Rorschacher Straße folgen zum **Bahnhof Rheineck.**

Tour 9

In der Bregenzer Bucht – von Bregenz nach Lindau

Überblick

Die Bregenzer Bucht wird durch das Alpenmassiv begrenzt: Die Vorarlberger Berge mit dem 1064 Meter hohen Pfänder, dem Bregenzer Hausberg, kommen dicht ans Ufer heran. Im Süden schließt das Appenzeller Vorland an und es sind nur wenige Kilometer bis zum über 2502 Meter hohen Säntis. Die Tour führt etwa zur Hälfte auf der „Pipeline", der Bregenzer Uferpromenade entlang, die meistens recht belebt ist.

◄ *Skater auf der Pipeline*

Tour 9

Auf einen Blick

- **Schwierigkeit, Gefälle:** *Die Strecke ist zwar leicht zu fahren, wegen einiger etwas rauer Passagen für Einsteiger aber nur bedingt geeignet. Auffällige Gefälle oder Steigungen gibt es nicht.*
- **Belag:** *Durchgängig Asphalt. Der Belag auf der Pipeline ist nicht immer super, aber trotzdem gut befahrbar.*
- **Sicherheit:** *Auf der Pipeline ist Vorsicht wegen der Nähe zum Wasser angesagt (mit Skates schwimmt es sich schlecht!). Nach dem Campingplatz Lindau (vor dem Strandbad Lindau) führt der Weg auf etwa 500 m über eine befahrene Straße! Rechts an dieser entlang gibt es einen sehr schmalen, versteckten Fußweg, auf den man ausweichen kann!*
- **Länge:** *Ca. 20 km hin- und zurück.*
- **Anfahrt:** *Gute Zugverbindungen von Lindau und St. Margrethen (aus der Schweiz).*
- **Rückfahrt:** *Mit dem Zug kommt man problemlos von Lindau nach Bregenz zurück. Der Bahnhof in Lindau befindet sich auf der Insel.*

Charakter der Tour

Der Alpensee

In der Bregenzer Bucht wird der Bodensee von den schneebedeckten Bergen der Alpen begrenzt und bietet bei klarer Sicht einen beeindruckenden Anblick. Startpunkt ist der Bahnhof in Bregenz bzw. die Uferpromenade.

Das Bauwerk, das auf den ersten Blick wie eine Bohrinsel im See aussieht, ist die **Bregenzer Seebühne,** die stimmungsvolle Musikerlebnisse unter freiem Himmel garantieren soll. In der Ferne kann man schon die Inselstadt Lindau erkennen, das Ziel der Tour.

Party auf der Pipeline

Das österreichische Bodensee-Ufer ist per Gesetz nirgendwo privat und das zeigt Wirkung: Abends und bei schönem Wetter strömen die Bregenzer an ihren See und dann wird flaniert, geskatet, geradelt, gebadet, gegrillt ... Im Sommer wird die „Pipeline", so nennt man hier den asphaltierten Weg direkt am Bregenzer Bodenseeufer entlang, sogar zum Badestrand umfunktioniert und der schmale Uferstreifen ist mit Strandmatten und Sonnenschirmen gesprenkelt. Auf der Pipeline zu skaten ist also eine recht tumultige Angelegenheit, macht aber Spaß.

Bregenz

Bregenz und Friedrichshafen sind die einzigen Städte am Bodensee, die im 2. Weltkrieg bombardiert wurden. Das sieht man dem heutigen Stadtbild noch an: Moderne Architektur, mehr oder weniger geglückt, mischt sich mit mittelalterlichen Häusern und verwinkelten Gassen. Bregenz präsentiert sich selbst gerne als „Kulturstadt" am Bodensee. Das **Kunsthaus** *- ein Würfel aus Glas und Beton - ist mit seiner „Lichthaut" selbst ein Kunstwerk und bietet in erster Linie Ausstellungen zeitgenössischer Kunst.*

Auf der weltweit größten **Seebühne** *finden Inszenierungen von hohem Rang statt, die inzwischen mit dem Ruf der Bayreuther und Salzburger Festspiele vergleichbar sind.*

Vom 1064 m hohen **Pfänder** *hat man einen Panoramablick über den ganzen See. Den 600 m Höhenunterschied von Bregenz zum Gipfel kann man mit einer Kabinenseilbahn überwinden.*

Badefreuden besonderer Art

In der Bregenzer Bucht hat man die Berge vor Augen, während man im Wasser schwimmt oder sich am Ufer sonnt und an keinem Ort am See wird so ausgiebig und locker wild gebadet wie an der Pipeline. Dass man sich mit einem schmalen Ufer- und Grasstreifen begnügen muss, scheint jung und alt nicht zu stören. Die Bregenzer stehen in Sachen Baden außerdem auf Abwechslung: Auch die traditionelle Bregenzer Badeanstalt, ein großer, auf Stelzen stehender Holzbau, ist generationsübergreifend beliebt: Hier sonnt man sich in einem Labyrinth aus Terrassen und verzweigten Auf- und Abgängen. Das offizielle Strandbad, das ebenfalls an der Tour liegt, hat es bei so viel Konkurrenz nicht ganz leicht. Auch hier gibt es nur einen schmalen Grünstreifen, dafür geht es etwas ruhiger zu als auf der Pipeline.

Weiter nach Lindau

Eine Streckenbeschreibung braucht man auf der Pipeline vorerst nicht. Wichtig ist nur, dass man sich immer dicht auf den Wegen am Ufer hält, die nach einigen Kilometern auch mal um ein paar scharfe Kurven führen. So bekommt man von dem deutsch-österreichischen **Grenzübergang,** der zumeist nicht mehr besetzt ist, nichts mit und gleitet wenig später am Campingplatz und Strandbad Lindau vorbei durch eine schöne Schilflandschaft.

Noch ein paar Kilometer und man ist schon auf der **Europabrücke.** Jetzt kann man entweder Richtung Friedrichshafen weiterfahren oder man stattet der musealen **Insel Lindau** einen Besuch ab. Dazu sollte man hier abschnallen, denn in der Innenstadt stößt man nahezu ausnahmslos auf Kopfsteinpflaster. (Hinweise auf Sehenswertes in Lindau siehe Tour 10.)

Sonstiges

Gastronomie

- In **Bregenz** gibt es viele Cafés, sowohl in der Innenstadt (Fußgängerzone) als auch an der Uferpromenade.
- **In Lindau im Hafen** findet man zwar jede Menge Straßencafés, aber die Zone ist sehr touristisch und teuer.

Strandbäder

- Die Bregenzer baden gerne wild an der **Pipeline.**
- Es lohnt sich aber auch, in die **Bregenzer „Badeanstalt"** reinzuschauen: Das Bauwerk aus Holz und auf Pfählen ist selbst eine Sehenswürdigkeit (siehe oben).
- Das **Strandfreibad in Lindau** ist modern und bietet einen tollen Blick auf die Alpen. Das Bad liegt direkt an der Strecke und ist sehr empfehlenswert!

Die Route

1 Die Tour ist leicht zu finden. Start ist der **Bahnhof in Bregenz.** Man nimmt die Gleisüberführung (lange Brücke) zur stadtabgewandten Seite, also zum See und kommt zur **Uferpromenade.** Jetzt rechts und immer am Ufer entlang. Wichtig: Immer am Wasser bleiben!

Nach etwa 1 km auf der Pipeline lässt man die Stadt hinter sich. Jetzt **nicht rechts** an den Bahnschienen weiter (sonst kommt man an der Straße entlang zum ehemaligen Grenzübergang!), sondern um ein paar Kurven und Schleichwege **in Ufernähe bleiben.** Erst nach einigen Kilometern führt der Weg durch **Kleingartenanlagen** (noch immer links der Bahngleise) und am **Campingplatz** vorbei. Etwa 500 m nach dem Campingplatz links in eine 30er Zone.

⚠ Verkehr. Sicherer ist ein sehr schmaler Weg an der Straße entlang.

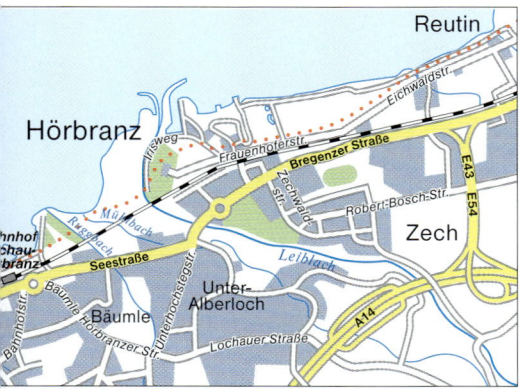

125

▶ *Das Kunsthaus in Bregenz hat eine gläserne Außenhülle*

Nach 500 m gibt es wieder einen besseren Geh-weg. Man kommt am **Strandbad Lindau** (super Bad!) vorbei. Die Straße macht einen Rechts-Schwenk. Auf der linken Seite der Straße gibt es ei-nen Radweg. Man fährt danach über eine **Holz-brücke.** An der Weggabelung links. Es geht durchs Schilf. Der Weg mündet in die **Bregenzer Straße.** Hier links bis zum Europaplatz.

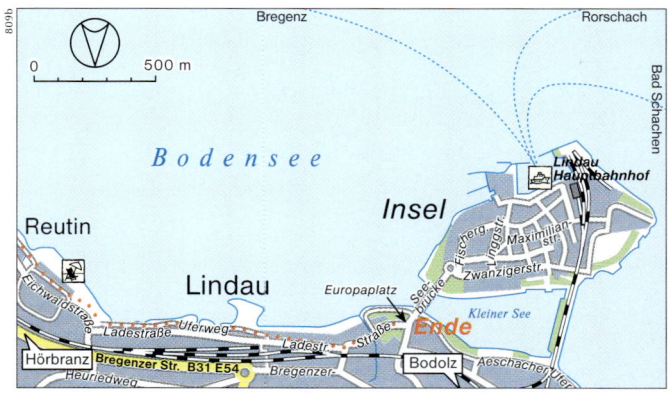

Weiter nach Friedrichshafen: Am Europa-platz geradeaus weiter.

 Weiter nach Lindau Zentrum/Insel: Links über die Brücke. Man muss aber abschnallen (Kopfstein in der ganzen Altstadt). Der Bahnhof von Lindau liegt ebenfalls auf der Insel.

Connecttour 9 C: Bodensee-umrundung am Ostufer?
Überblick

Man hört immer wieder, dass sich das **Ostufer des Bodensees lückenlos befahren** lässt. So kann man auf den Webseiten der Tourist-Information in Rorschach lesen: „Gestandene Inline-Freaks schaffen an einem Tag auch die rund 80 km lange Rundfahrt um den halben Bodensee. Anreise mit der Bahn nach Konstanz. Dann mit dem Schiff nach Meersburg, anschließend folgt der Start zur anspruchsvollen Tour via Friedrichshafen – Lindau – Bregenz – Rheineck – Staad nach Rorschach."

Ein Blick auf die Übersichtskarte zeigt, dass die Umrundung theoretisch möglich ist, wenn man die Touren 8, 8 C, 11, 11 C und 9 C dieses Guides kombiniert. Das größte Hindernis dieser Umrundung stellt allerdings die **Rheinbrücke bei Fussach** dar: Hier fehlen Gehwege, auf dem Radstreifen darf man auf keinen Fall über die Brücke skaten: Der Asphalt ist weich und klebrig, man sinkt regelrecht ein und riskiert, auf die Fahrbahn katapultiert zu werden. Ganz abgesehen davon ist Inlineskaten auf dem Radstreifen ohnehin verboten. Man muss also zu Fuß über die lange Brücke und auch das ist nicht sehr angenehm. Es ist deshalb günstiger, vor der Rheinbrücke umzudrehen.

Connect 9 C bietet landschaftlich nicht sehr viel. Ein Großteil der Strecke führt an der stark befahrenen Rheinstraße entlang durch Industriegebiete, die Vorstadt von Bregenz und durch Hard.

Streckenbeschreibung

Wer die Connecttour dennoch fahren möchte, startet am **Bahnhof in Bregenz.** Wer vom Bahnhof kommt, hält sich rechts und überquert so den **Busbahnhof.** Am Ende des Vorplatzes Rechts-Links Schwenk in die **Quellenstraße.**

Man folgt dieser, bis sie in die stark befahrene **Rheinstraße** mündet. Weiter auf dem Gehweg an der Rheinstraße entlang. Nach einiger Zeit führt eine **Brücke** über die Bregenzer Ach. Gleich nach der Brücke rechts in einen **Radweg.**

Es geht durch ein Waldstück nach **Hard.** Am Ende des Weges links. Man kommt an der **Uferpromenade** von Hard entlang und folgt nun folgenden Straßen: Kohlplatzstraße, Uferstraße, Seestraße, Allmendstraße.

Nach 300 m auf der **Allmendstraße** rechts in die **Mockenstraße** (Achtung kein Gehweg, Verkehr!). Diese mündet in die **Neulandstraße** (eigentlich eine Art Landwirtschaftsweg direkt am Rheinkanal).

Links kommt man zur **Rheinbrücke,** aber das lohnt sich nicht, da man sie ohnehin nicht mit Skates überqueren kann (s.o.).

 Es bietet sich aber ein netter **Ausflug** an, bei dem man ein bisschen **ins Rheindelta** reinschnuppern kann: Hierzu fährt man an besagter Mündung vor dem Rheinkanal (Neulandstraße) nach rechts. Nach 300 m über eine Brücke nach links (kurz über Schotter). Man kommt zum Schleienloch, einem kleinen See. Gastronomie: Fischereiheim.

039bo Abb.: pg

Tour 10

Buchten, Schilf und Strände – von Lindau nach Friedrichshafen

Überblick

◄ *Vorderseite:*
Im Hafen von
Lindau

Die schönen Buchten rund um Wasserburg, Langenargen und Nonnenhorn liegen am Weg, dazu Strände und Seebäder. Immer wieder führt die Tour zu den Landungsstegen und belebten Örtchen mit Cafés und Restaurants. Auf dem guten Asphalt kommt man zügig voran: Die verschneiten Schweizer Berge, bei guter Sicht greifbar nah, verlieren sich in Richtung Friedrichshafen zunehmend im Dunst und der See wirkt weit wie das Meer. Romantische Örtchen liegen ebenso auf der Strecke wie wilde Schilfwälder im Eriskircher Ried. Von Lindau bis kurz nach Langenargen muss man allerdings hin und wieder auf kürzeren Passagen mit Verkehr rechnen.

Auf einen Blick

- **Schwierigkeit, Gefälle:** *Für Fortgeschrittene von Lindau bis Langenargen. Durchs Eriskircher Ried bis Friedrichshafen für Skater mit Grundkenntnissen. Die Etappe durchs Eriskircher Ried (auf für Kfz gesperrtem Teil) eignet sich auch für Einsteiger. Die Tour ist zwar meist eben, es gibt aber immer wieder kürzere Steigungen und Gefälle, oft auf (wenn auch schwach) befahrenen Wegen.*
- **Belag:** *Zu 95 % Asphalt. Ca. 400 m Schotter (2 x 200 m) zwischen Lindau und Langenargen. Hier gibt es auch kürzere Kopfsteinpflasterpassagen durch die Orte. Von Gohren/Langenargen nach Friedrichshafen zu 100 % Asphalt.*
- **Sicherheit:** *Einige Streckenabschnitte sind für Autos nicht gesperrt, obwohl die Wege meist wie Landwirtschaftswege aussehen. Bei den Ortsdurchfahrten fehlt hin und wieder ein Gehweg. Hier muss man mit Autos*

Im Eriskircher Ried sind gegen Abend jede Menge Skater unterwegs. In der Regel wird von Friedrichshafen nach Langenargen und zurück gefahren. Die Strecke gehört tatsächlich zu den besten Inline-Strecken am Bodensee.

Charakter der Tour

Lindau

Man sagt, Lindau sei das Venedig vom Bodensee. Zwar steht die Stadt nicht auf Pfählen im Wasser, obgleich auch das in der Gegend schon vor 6000 Jahren eine sehr beliebte Art war, Siedlungen zu

rechnen. An diesen Stellen scharf rechts halten, langsam und vorsichtig fahren! Es gibt zwar wenig Autos auf der Strecke, gerade dies verführt aber zu Leichtsinn.

- **Länge:** Ca. 27 km in einer Richtung.
- **Eigenschaften:** Von Lindau bis Langenargen ist die Tour durchwachsen: Schnelle Passagen wechseln mit Abschnitten ab, auf denen man langsam und vorsichtig fahren muss. Von Langenargen bis Friedrichshafen – vor allem im Eriskircher Ried – ist die Strecke auch für Speedskater geeignet!
- **Anfahrt:** Gute Zuganschlüsse nach Lindau von Friedrichshafen, Singen und Ulm. Schiffsverbindungen nach Bregenz und Konstanz und zu vielen anderen Bodenseehäfen.
- **Rückfahrt:** Die Bahnstrecke begleitet den Weg. Man kommt von fast jedem Ort zurück (Kressbronn, Langenargen, Eriskirch, Wasserburg, Nonnenhorn).

bauen, aber die Inselstadt Lindau wird rundum von Wasser umspült und ist wie Venedig nur über eine Brücke zu erreichen. Die vielen Kanäle allerdings, die einst die Stadt durchzogen haben, sind inzwischen zugeschüttet, so dass der Vergleich mit Venedig zu hinken scheint. Trotzdem – wer etwa beim Pulverturm vorbei um die Insel schlendert, findet Bodenseeromantik pur!

Lindau

In Lindau sollte man sich den Hafen nicht entgehen lassen (Leuchtturm vor traumhafter Bergkulisse bei klarer Sicht), wenngleich hier alle Bodensee-Touristen zusammenzulaufen scheinen. Auch ein Bummel durch die mittelalterliche Altstadt lohnt. Sehr romantisch ist ein Spaziergang auf dem Pulverturmweg: Hierzu läuft man vom Bahnhof Richtung Seehafen, dort Rechts-Links-Schwenk um das Hafenbecken herum und danach am See nach rechts.

Türmchen, Berge und Buchten

Der gute Asphalt animiert zum Gasgeben, ein Postkartenmotiv nach dem anderen zum Abbremsen. Das Ufer zwischen Lindau und Langenargen ist geprägt durch schöne Buchten, wie zum Beispiel **Wasserburg,** das wie Lindau auf einer Insel liegt. Beim Blick über die Nonnenhorner Bucht sieht man bei guter Sicht die verschneiten Gipfel und das sich dazwischen weit öffnende Rheindelta.

Die Radwege zwischen Lindau und Friedrichshafen sind sehr belebt, denn die Strecke gilt als einer der reizvollsten Abschnitte der klassischen Bodensee-Rundtour.

Langenargen

Die Tour führt schließlich nach Langenargen, dem Grenzort zur „Costa del Sol": Beim Blick nach Westen wirkt der See jetzt weit wie das Meer. Urlauber flanieren zwischen Cafés, Uferpromenade und dem orientalisch anmutenden **Schloss Montfort,** das

König Wilhem sich als Sommerdomizil im maurischen Stil an einem der „romantischsten Punkte am Bodensee" erbauen ließ.

Langenargen kann noch mit einer ganz besonderen Kuriosität aufwarten: Die **Langenargener Kettenbrücke,** die Vorbild für die Golden Gate in San Francisco gewesen sein soll. Die Tour führt natürlich darüber und zwar ohne schwergewichtige Autos, die sie zum Glück nicht zu tragen vermag.

Schilf und Inlineskater

Die letzte Etappe der Tour geht durchs **Eriskircher Ried,** einem ausgedehnten Naturschutzgebiet. Bevölkert wird das Ried hauptsächlich von Wasservögeln und Inlineskatern, die zwischen dem mannshohen Schilf auftauchen und wieder verschwinden. Nirgendwo am Bodensee trifft man gegen Abend so viele Skater wie hier. Endpunkt der Tour ist die Uferpromenade in Friedrichshafen.

Sonstiges

Gastronomie
- **In Lindau** findet man viele Cafés und Restaurants (im Hafen recht teuer).
- **Unterwegs** gibt es so viele „Versorgungsstationen", dass sich eine Aufzählung erübrigt.
- Skater treffen sich nach der Tour gerne **in Friedrichshafen** an der Uferpromenade.

Strandbäder
- Fast jeder Ort (Langenargen, Eriskirch, Kressbronn) hat ein Strandbad.
- Jugendliches Publikum trifft man vor allem am **Landungssteg bei Kressbronn** (an der Tour), wo wild gebadet wird.

Tour 10

133

Die Route

1 Gestartet wird am Europaplatz (Start A), direkt vor der Seebrücke oder alternativ hierzu vom Bahnhof in Lindau (Start B).

Start A vom Europaplatz: Wer von der Insel über die Brücke zum Europaplatz kommt, fährt am Platz scharf links und folgt dem **Radschild** <Wasserburg>. Man kommt auf den **Parkplatz.** Nach 20 m links. Der Weg macht kurz darauf einen Rechts-Schwenk und führt am See entlang weiter. Der Weg trifft auf die Straße **Aescher Ufer.** Geradeaus weiter. Kurz darauf kommt man durch eine 30er-Zone (Vorsicht kein Gehweg!) und schließlich zu einem **Bahnübergang,** den man überquert.

Alternativer Start B vom Bahnhof Lindau: Wer von den Gleisen durch das Bahnhofsgebäude auf den Vorplatz kommt, hält sich links über den **Omnibus-Bahnhof.** Am Ende der Straße bzw. des Platzes kurzer Rechts-Links-Schwenk in eine kleine Seitenstraße. Man gelangt kurz später auf einen **Radweg** und folgt diesem über den **Bahndamm** von

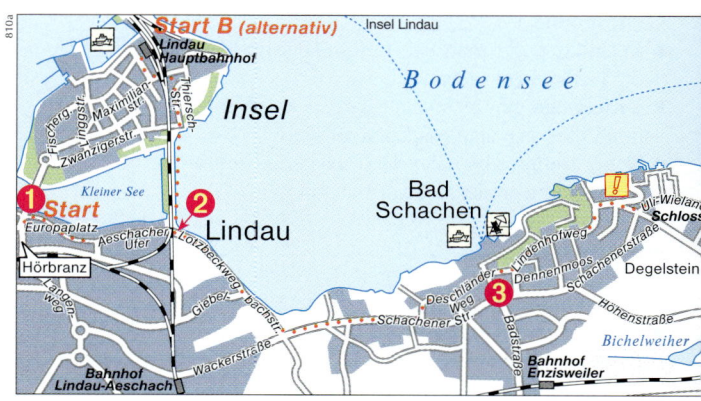

der Insel herunter, dann am **Bahnübergang** links über die Schienen. Hier ist man an Punkt 2.

2 Nach Überqueren des **Bahnüberganges** 700 m geradeaus, dann kommt man an die Kreuzung **Wackerstraße/Giebelbachstraße.** Hier links dem Radschild <Wasserburg> folgen. Am Ortseingang von **Bad Schachen** folgt man dem Radschild <Wasserburg> nach links (**Oeschländerweg).** Der Weg macht einen Rechts-Schwenk. 150 m später nach links (heißt weiterhin Oeschländerweg).

3 Nach ca. 400 m an der Kreuzung Dennenmoos fährt man **links.** Die Straße macht einen Rechts-Schwenk bergauf.

⚠ Verkehr! Gefährliches Eck! Äußerst rechts halten und sich versichern, dass die Kreuzung frei ist.

Nach der Steigung links in die **Alwindstraße.** Die Straße heißt später **Uli-Wieland-Straße.** Die Uli-

Wielandstraße macht schließlich einen Rechts-Schwenk (auf Gehweg bleiben!). Danach links in die **Reutener Straße.** Die Reutener Straße mündet in **Wasserburg** in die **Höhenstraße.** Hier links. Man folgt dem Rechts-Schwenk der Höhenstraße, dann sofort links in die **Halbinselstraße** (kurz Kopfsteinpflaster).

Auf der Halbinselstraße geht es durch den Ort bis **zum See.** Hier rechts in die **Mooslachenstraße,** die (etwas rechtsversetzt) in den **Moosweg** übergeht. Am Ende des Moosweges links Radschild <Nonnenhorn> in die **Nonnenhorner Straße** folgen.

4 Jetzt aufpassen: Ca. 30 m vor dem Bahnübergang (dieser taucht leider erst auf, wenn man die Abzweigung schon verpasst hat), folgt man nach links dem **Schild <Halbinsel>.** Es geht 50 m steil bergab. Man trifft auf die **Wasserburger Straße.** Hier rechts kurz über Schotter. An der Weggabelung mit der **Conrad Forster-Straße** fährt man links und folgt dieser bis zur Kreuzung mit der Seestraße. Jetzt ca. 150 m weiter dem Rechts-Schwenk

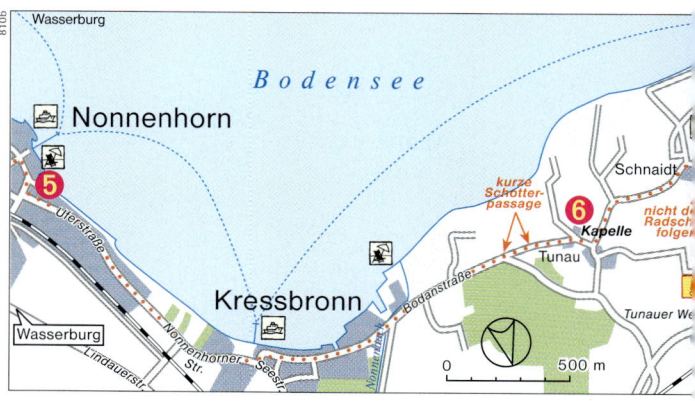

der **Conrad-Forster-Straße** folgen, dann links in die **Seehalde.** Diese trifft kurz später auf die **Seestraße.** Hier rechts.

Tipp: Geradeaus liegt die **Schiffsanlegestelle Nonnenhorn.** Schöner Blick auf das Wollmatinger Ried, die Alpen und das Rheindelta.

⑤Man kommt am **Strandbad** vorbei, dann macht die Straße einen Rechts-Schwenk bergauf. Danach links in die **Uferstraße.**

⚠ Unübersichtliche Stelle. Kurz kein Gehweg!

Man folgt der Uferstraße eine Zeit lang. Diese heißt später **Nonnenhorner Straße.** An der Einmündung der Ernst-Lehmann-Straße entlang geradeaus weiter fahren.

Erst an der nächsten Kreuzung links dem **Rad-schild** folgen (Seestraße/später Bodanstraße). Am Ende von Kressbronn begleitet ein Rad- und Fußweg die Straße. Man bleibt auf diesem Weg. Nicht zum Campingplatz abbiegen.

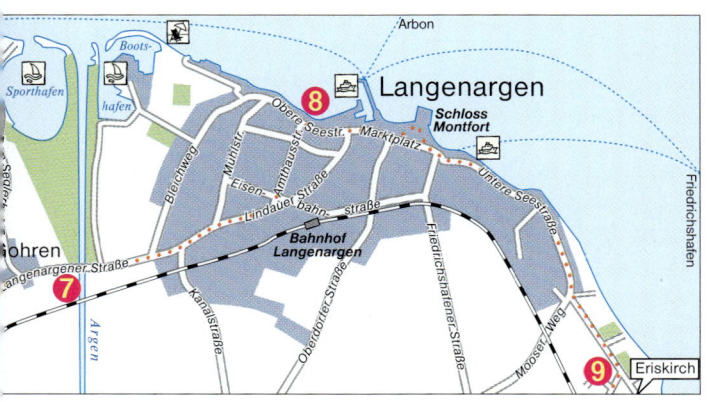

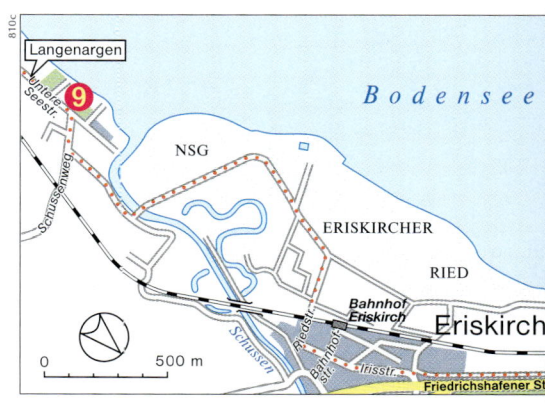

Nicht dem Rechts-Schwenk der **Bodanstraße** folgen, sondern geradeaus weiter auf Schotter. Nach 300 m bei einer Kapelle hat man wieder Asphalt unter den Füßen.

◄ Speedskater im Eriskircher Ried

6 An der **Kapelle** vorbei und kurz darauf scharf links (nicht dem Rechts-Schwenk des Weges folgen). Tipp: Gartenwirtschaft am Weg.

Man kommt durch den kleinen **Weiler Schnaidt.** Kurz vor Ortsende folgt man dem Rechts-Schwenk des Weges. Jetzt, am Ortsschild, geradeaus weiter, also **nicht links den Radschildern folgen.** Nach ca. 200 m wieder geradeaus weiter in den **Landwirtschaftsweg.** Dieser Landwirtschaftsweg mündet in den **Tunauer Weg.**

Der Tunauer Weg trifft auf die befahrene **Langenargener Straße.** Hier links dieser Straße durch den Ort folgen! Bei Gelegenheit auf die rechte Straßenseite wechseln! Der Gehweg der rechten Seite mündet nämlich in einen Weg, der über die berühmte Langenarger **Kettenbrücke** führt.

Tour 10

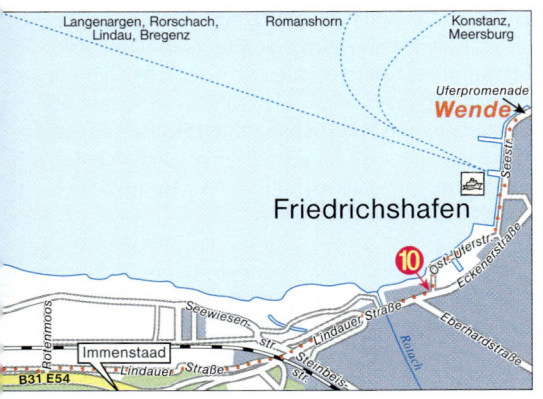

7 Nach der Kettenbrücke kommt man (über Links-Rechts-Schwenk) wieder an die befahrene **Hauptstraße** zurück und nach Langenargen hinein. Man bleibt auf der Hauptstraße (heißt jetzt **Lindauer Straße**) durch den Ort hindurch bis zur Kreuzung mit der **Eisenbahnstraße/Amtshausstraße**. Hier links über Zebrastreifen und in die **Amtshausstraße** einbiegen. Dann dieser bis zum **See** folgen.

8 Unten am See folgt man der **Uferpromenade** rechts bis zum **Schloss Montfort** in Langenargen. Beim Schloss fährt man rechts, danach bei **Kirche** links (Marktplatz). Kurz darauf folgt man nicht dem Rechts-Schwenk dieser Straße, sondern fährt geradeaus am **See** entlang. Man kommt am **Strandbad** vorbei, weiter geradeaus dieser Straße folgen.

9 Bei einem **Sackgassenschild** rechts (dem Schild <Schussenweg/Bodenseewanderweg> folgen. Kurz später wieder links (Schild folgen). Man kommt ins **Eriskircher Ried.** Nach einigen hundert Metern wieder links über **Brücke** (geradeaus käme Schotter). An der nächsten Weggabelung nach einiger Zeit rechts. Man kommt schließlich kurz vor Eriskirch über den **Bahnübergang** auf die Kirche zu.
  Nach dem Bahnübergang folgt man dem Links-Schwenk der **Gartenstraße.** An der nächsten Kreuzung geradeaus weiter. Man fährt jetzt immer an der befahrenen **Friedrichshafener Straße** entlang. Erst nach einigen Kilometern, beim **Gartencenter,** muss man nochmals rechts hoch zur **Hauptstraße,** dann an dieser entlang weiter.

10 Man kommt nach Friedrichshafen. Jetzt aufpassen: Bei **Fußgängerampel** folgt man links dem Schild <Hafenbahnhof/Innenstadt>. Über Schleichwege **(Uferstraße/Seestraße)** wird man zum **Hafen** und zur „Promenade am See" geführt.

Tour 11

Auf dem Rheindamm

ins Heidiland

Überblick

Der Rheindamm macht es möglich: Vom Bodensee mit Inlinern oder mit dem Rad in die Gebirgswelt fahren und unter den schneebedeckten 3000ern seinem Hobby frönen. Und das auf einer nahezu flachen Piste meist am Rhein entlang. Drei Länder liegen hier dicht an dicht, jeweils erreichbar über eine der zahlreichen Rheinbrücken: Österreich, Liechtenstein und die Schweiz. Die Route führt bis vor die Tore von Bad Ragaz ins Heidiland, das nicht nur tatsächlich so heißt, sondern wo man in Maienfeld das Original Heididorf besuchen kann, den Schauplatz der weltbekannten Heidigeschichte nach Johanna Spyri.

In Buchs starten

Die Strecke auf dem Rheindamm ist reizvoller als die Fahrt am Rheinkanal entlang und auch die Wege sind besser. Zudem gibt es auf dem Rheindamm keine Autos. Deshalb bietet es sich an, mit dem Zug bis Buchs zu fahren: Das dauert von Rheineck, Rorschach oder St. Margrethen nur etwa 20-30 Min. Vom Bahnhof sind es nur 500 Meter zum Damm und man hat sofort den schönsten Abschnitt vor sich. Wegbeschreibung vom Bahnhof auf den Damm: Man verlässt das Bahnhofsgebäude in Buchs nach links, etwa nach 20 m wieder links durch eine Unterführung, jetzt etwa 500 m geradeaus bis zur Rheinbrücke. Hier auf der rechten Straßenseite führen Treppen zum Rheindamm hinunter. Jetzt kann man anschnallen und es geht los! Eine Streckenbeschreibung braucht es nicht mehr, einfach stromaufwärts immer am Rhein entlang bis zum Ende auf dem Damm bleiben.

Charakter der Tour

Am Rheinkanal

Für Neulinge in Sachen Rheindammskating (Radler haben es besser), die ohne Guide unterwegs sind, erweist sich die Orientierung zunächst etwas komplexer als oft angenommen. „Nur immer geradeaus auf dem Damm entlang ...", wie man oft hört, funktioniert leider erst später. Der Rheindamm ist anfangs über weite Strecken geschottert und damit für Skater ungenießbar. Deshalb weicht man auf den nur einige

Auf einen Blick

- *Schwierigkeit, Gefälle:* Am Rheinkanal für Fortgeschrittene. Auf dem Rheindamm (z. B. ab Buchs) tagsüber auch für Einsteiger. Abends sind viele Radler unterwegs.Praktisch zu 100 % eben. Nur ganz kurze, meist schwache Gefälle.
- *Belag:* Meist sehr guter Asphalt. Nur selten rau.
- *Sicherheit:* Auf den ersten Kilometern am Rheinkanal entlang auf Verkehr achten! Auf dem Rheindamm viele Radler (meist sehr zügig unterwegs!).
- *Eigenschaften:* Speedskaten geht hervorragend auf dem Rheindamm ab Oberriet. Wer richtig Tempo machen möchte, fährt mit dem Zug nach Buchs und geht dort auf den Damm. Am Rheinkanal (die ersten 20 km bis Oberriet) gibt es hin und wieder kurze Passagen mit Verkehr, wo man nicht schnell fahren kann. Übrigens: Von den ersten 1,5 km durch St. Margrethen (Industriegebiet) darf man sich nicht abschrecken lassen: Diese Etappe dient nur der Auffahrt auf den Damm und es wird natürlich wesentlich besser!
- *Länge:* Ca. 60 km (eine Richtung ab St. Margrethen).
- *Anfahrt:* Zugverbindungen von Konstanz, Kreuzlingen, Romanshorn, Rorschach nach St. Margrethen (Startpunkt). Gute Verbindungen auch nach Buchs (alternativer Startpunkt).
- *Rückfahrt:* Nur Buchs liegt etwa 500 m vom Rheindamm entfernt. Sargans, Oberiet, Altstätten befinden sich nicht unmittelbar am Damm, sondern 1–2 km entfernt. Die Ortschaften können über die Beschilderung mit Skates angefahren werden. Bad Ragaz ist etwa 1,5 km vom Damm entfernt. Von diesen Städten fahren regelmäßig Züge nach St. Margrethen, Rheineck oder Rorschach.

Tour 11

Sehenswertes im Rheintal

Altstätten

Der schöne Ort liegt unweit der Hauptroute und ist sogar mit Skates erreichbar (vom Oberrieter Bahnhof bis zur Hauptstraße, dort links an dieser durch den Ort und schließlich rechts den Schildern <Radweg Altstätten> folgen). Sehenswerter mittelalterlicher Ortskern mit „schiefen Häusern".

Werdenberg/Buchs

Einmalig an einem See gelegenes Dörfchen mit urig-mittel-alterlichem Ortsbild (direkt bei Buchs). Schloss über dem Dorf mit Ausstellungen (Waffensammlung, Fundstücke, Karten u. a.).

Fürstentum Liechtenstein, Vaduz

Man kann auch auf der anderen Rheinseite skaten und so das „Ländle" durchqueren. Über der Hauptstadt Vaduz mit nur ca. 5000 Einwohnern thront das Schloss, das aber nicht besichtigt werden kann.
Kunstmuseum (Privatsammlung des Fürsten). Infos: Liech-tenstein Tourismus in Vaduz. Tel. 00423 (232) 14 43

Sargans

Wunderschön im Heidland zwischen den Bergen gelegenes Städtchen mit Altstadt (Stadtmauer und Befestigungs-anlagen, Marktplatz u. a.). Sehenswertes Schloss aus dem 12. Jahrhundert, das über der Stadt thront und das Museum Sarganserland beherbergt. Mit Skates vom Damm erreichbar. Mo. 10-12, 13-16; Di.-So. 10-12, 12.30-17 Uhr, Tel. (081) 7 23 65 69. Internet: www.pizol.ch/sargans.

Bad Ragaz

Kur- und Badeort mit neuem Thermalbad. Die 37-°C-Quelle ist seit dem 11. Jahrhundert bekannt. Der Ort eignet sich als Ausgangspunkt für Ausflüge ins Heidiland.

Ausflüge ins Heidiland

Im Heidiland gibt es viel zu entdecken:

- *Zum Beispiel Wanderungen rund um den fast 3000 m hohen Pizol zu den Bergseen Schottensee, Schwarzsee, Wildsee und Baschalvasee. Eine Seilbahn führt zur Pizolhütte (zentraler Ausgangspunkt in 2227 m Höhe).*
- *Bei Bad Ragaz liegt das Heididörfchen Maienfeld mit einem Heidiwanderweg (kleiner und großer Heidiweg), der zum Heidibrunnen und zum Heididörfli führt (Besichtigung des Heidihauses mit Museum). Der Heidipfad auf der Heidialp Schwarzbüel (über Seilbahn auf den 1633 m hohen Paradiel) erzählt auf Bildtafeln die berühmte Geschichte von Johanna Spyri mit Blick auf alle Originalschauplätze. Man kann noch weiter über eine romantische Hochmoorlandschaft bis zum Vilterser See wandern. Der große Walensee mit Schiffsverkehr bietet zahlreiche Ausflugsmöglichkeiten.*
- *Sogar Inlineskaten kann man im Heidiland recht gut (Routen in der SWISS SKATE MAP Heidiland - erhältlich im Buchhandel oder bei den Verkehrsvereinen).*
- *Infos:Verkehrsverein 7310 Bad Ragaz, Haus Schweizerhof, Tel. 0041 (081) 3 02 10 61*

hundert Meter entfernten Rheinkanal aus, der zur Entwässerung angelegt wurde. Im **Rheindelta** rund um St. Margrethen, dem Startpunkt der Tour, entstand durch ein Netz solcher Entwässerungskanäle das Rheindelta und damit eines der größten Süßwassermoore Europas. Nach etwa 20 Kilometern kommt man endlich auf den nunmehr asphaltierten Rheindamm, ein großer Wall zu beiden Seiten des Rheins, der den Fluss zusätzlich in seine Schranken weisen soll. Der Anblick ist kaum beschreiblich: Wie durch ein riesiges Tor presst sich der Rhein durch ein breites Tal zwischen die schneebedeckten 2500-3000 m hohen Giganten. Der Fluss ist hell, fast türkis, dazu kommt ein sehr gut asphaltierter Weg so weit man sieht. Na, wenn da keine Freiheitsgefühle aufkommen ...

Auf dem Rheindamm

Jetzt geht's tatsächlich immer geradeaus auf einer der beindruckendsten Skate-Strecken in Europa: Es gibt so gut wie keine Kreuzungen, keine lästigen Bremsereien, keine Autos (nur Radler!), keine Bordsteine und über Kilometer kein Dorf, keine Ausfahrt, kein Laden. Man sollte also reichlich Proviant mitnehmen, sonst kommt man sich nach einigen Kilometern vor wie ein Einzelkämpfer in der Wüste.

Es gibt nur wenige Ausfahrten und nur **Buchs** liegt in unmittelbarer Nähe des Dammes. Hier kann man prima Station machen. Der Ort hat mit seiner Fußgängerzone Stadtflair. Es gibt nette Straßencafés, in denen Jung und Alt zusammensitzt und man kann die Vorräte auffüllen. Die hohen Berge schauen über die Dächer, die Atmosphäre ist heimelig.

Einige Kilometer später lugt die **Burg von Vaduz** über den Rhein, in der heute noch der Fürst von Liechtenstein residiert. Wer Lust hat, kann auf der

031bo Abb.: pg

◄ *Hier residiert der Fürst von Liechtenstein*

alten Holzbrücke über den Fluss gehen und steht in einem anderen Land. Seinen Pass braucht man hierfür allerdings nicht zu zücken, das „Ländle" hat eine Wirtschafts-, Geld- und Zollunion mit der Schweiz. Die Fahnen der beiden Länder wehen dennoch regelmäßig an jeder Brücke, die auf dem Weg liegt.

Die Landschaft wird zunehmend schöner und eindrucksvoller je weiter man sich den Damm entlang bewegt. Kurz vor dem Kurort **Bad Ragaz** ist man schon mitten in den Bergen im Heidiland angelangt. Wer hier am Wendepunkt der Tour mal abseits in die Dörfer schaut, wird feststellen, dass diese Landschaft so ist, wie man sie sich vorstellt. In **Maienfeld** kann man übrigens das original Heididorf mit Heidialm und Heidihof besichtigen. Außerdem kommt man mit dem Zug prima zurück nach St. Margrethen.

Sonstiges

Gastronomie

In Buchs gibt es in der „Einkaufszone" nette Cafés mit Terrasse, zum Beispiel das Irish Pub. Sonst gibt es am Rheindamm kaum Ortschaften, auch am Rheinkanal liegt nichts unmittelbar an der Strecke!

Startpunkt ab Rheineck

Wer möchte kann die Tour auch alternativ von Rheineck aus starten (Connect 11 C) und hat dann 70 km (statt der 60 km von St. Margrethen) vor sich. In diesem Fall verläuft die Route zunächst durch Österreich (Ausweis nicht vergessen!).

Die Route

1 **Startpunkt vom Bahnhof St. Margrethen:** Wer von den Gleisen kommt, fährt am Bahnhof links und die erste Straße (**Johannes-Brasse-Straße**) wieder rechts. Nach 50 m links ins Industriegebiet (**Industriestraße**). Nach ca. 600 m großer Schilderbaum mit Radschildern. Hier links dem **Schild** <Buchs> folgen, zweimal hintereinander über einen **Bahnübergang** und an der befahrenen Neudorfer Straße rechts (Radweg).

2 Nun tauchen (Industriegebiet zur Rechten) einige markante, große **Silos** auf. Noch einige hundert Meter, dann nach rechts abbiegen bzw. dem **Radschild** <9/2> folgen. Eine **Brücke** führt über die Autobahn, noch mal über eine kleine **Brücke,** dann dem Radschild nach rechts folgen. Der Weg führt über zwei 180°-Schleifen hoch auf den **Rheindamm.** Nun einfach dem Schild <Altstätten/Buchs> folgen.

3 Jetzt aufpassen: Nach ca. 1 km müssen Skater schon wieder weg vom Rheindamm und können nicht dem Radschild <Buchs> folgen (Radschild <Buchs> zeigt nach links direkt zum Rhein, der Weg würde aber bald in Schotter übergehen). Hier folgt man dem **Schild <Altstätten>** rechts durch eine Unterführung! Der Weg führt zum **Rheinkanal.** Ca. 5 km lang immer am Kanal halten!

Erst nach einiger Zeit – an der **Hellstraße** – folgt man dem Radschild nach links (geradeaus käme Schotter). Nach 200 m rechts dem versteckten Radschild folgen.

Nach weiteren 3 km kommt man an eine Kreuzung mit befahrener Straße (**Unterdorfstraße)** und Schilderbaum. Man fährt links und nach 50 m wieder rechts in die **Auenstraße.** An der Kreuzung mit der **Alten Rheinstraße** rechts. Nach 50 m links in die **Kanalstraße** (Radschild).

An der nächsten Kreuzung noch mal geradeaus dem **Schild <Oberriet>** folgen. Am Ende der **Zapfenbachstraße** weiter geradeaus dem Schild <Oberriet> folgen.

Tour 11

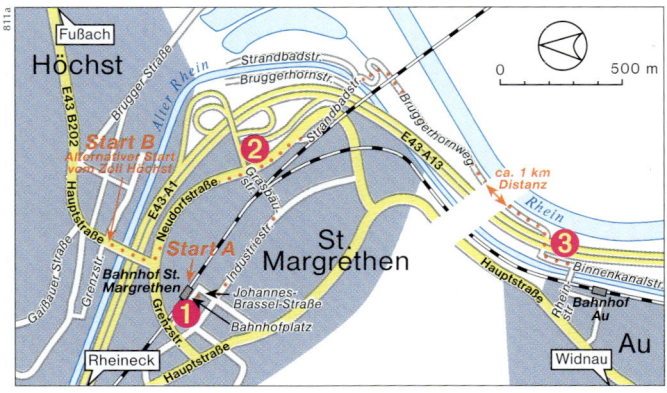

Nach 700 m (an Schotter!) rechts **über Kanal,** danach sofort wieder links in den **Stöckenweg,** nach 200 m rechts in den **Lehmenweg.** Nach 100 m links in die **Gmeindstraße.** Nach 400 m Rechts-Schwenk. Man kommt nach **Oberriet.**

4 Nach nochmals 500 m – an der Kreuzung mit der **Montlinger Straße** – links in den Radweg (jetzt an der linken Kanalseite entlang).

5 Nun heißt es aufpassen: Man gelangt zu einem **Schilderbaum** (leider wenig auffällig) bei einer eisernen **Brücke.** Hier links dem Radschild <Buchs> folgen und nach 200 m rechts (wieder Radschild). Zur Warnung: Wer die eiserne Brücke und diese Kreuzung verpasst, steht wenig später an einer befahrenen Straße! Dann nix wie zurück!

Der Weg führt auf einer **Brücke** über die Autobahn, danach links (Radschild folgen). Der Weg macht nun einen Rechts-Schwenk zum **Rheindamm** runter. Dort rechts dem Schild <Buchs> folgen. Hier ist der Damm geteert. Jetzt hält man sich

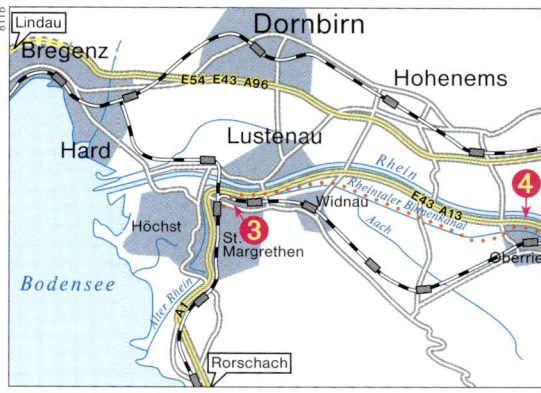

einfach immer an den Rhein und folgt dem Damm
solange man Lust hat. Es geht ca. 40 km einfach immer geradeaus am Rhein entlang bis Bad Ragaz.

Ausfahrten nach Buchs,
Sargans, Bad Ragaz, Vaduz

Man sollte unbedingt in Buchs und Sargans mal
rausfahren, um sich die Städtchen anzusehen.

 Um vom Damm nach Buchs zu gelangen, folgen Skater besser nicht der beschilderten Ausfahrt Buchs/Grabs. Besser: Nach etwa 1 km
befindet sich eine große Brücke (nächste
Brücke ist die große, eiserne Eisenbahnbrücke
– von hier aus sichtbar). Dann hoch auf die
Brücke. Hier abschnallen und der Straße nach
Buchs folgen. Nach 500 m (in Buchs) nicht
dem Links-Schwenk dieser Straße folgen, sondern leicht rechts unter Unterführung. Jetzt ist
man am Bahnhof in Buchs.

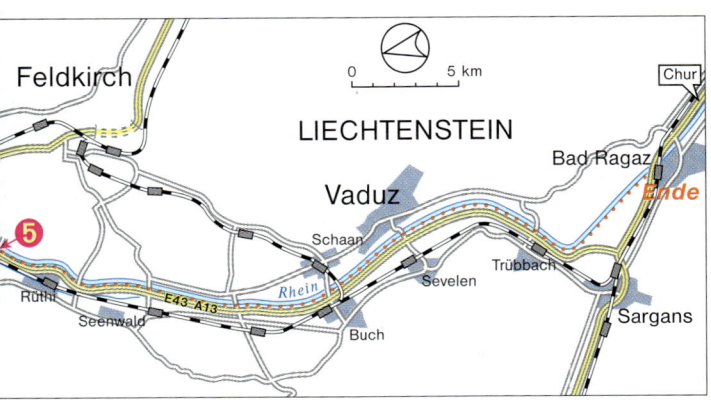

Nach Bad Ragaz wird's etwas kompliziert. Der asphaltierte Rheindamm endet etwa 1,5 km vor dem Ort (Schotter), die Straße nach Bad Ragaz hingegen ist nicht ganz verkehrsfrei. Deshalb zu Fuß weiter. Dann dort, wo der Damm in Schotter übergeht, rechts (schwach befahrene Straße!), nach 200 m links. Man kommt in den Ort.

 Nach Vaduz (Liechtenstein): Man fährt einige Kilometer nach Buchs vom Rheindamm weg über eine Holzbrücke nach links.

Connecttour 11 C:
Von Rheineck nach Hoechst/ St. Margrethen oder alternativ zur Rheinbrücke Fussach

Überblick

Connect 11 C beginnt am Bahnhof in Rheineck und führt am alten Rhein entlang durch eine schöne Landschaft bis zum Grenzübergang im österreichischen Hoechst. Hier gibt es eine Möglichkeit mit Tour 11 anzuschließen und so auf den Rheindamm hochzufahren. Man kann aber auch am Grenzübergang Hoechst mit Connect 11 C geradeaus weiterfahren und so linksseits des Alten Rheins in Österreich bleiben. Die Connecttour endet dann vor der Rheinbrücke in Fussach. Diese bitte auf keinen Fall mit Skates überqueren: Erstens gibt es keinen Gehweg und zweitens ist der Asphalt auf dem Radstreifen enorm klebrig (man sinkt fast ein), so dass man riskiert, auf die Straße katapultiert zu werden. Die Rheinbrücke steht einer Bodensee-Umrundung um

03zbo Abb.: pg

das Ostufer im Wege. Auf der anderen Seite der Brücke beginnt bzw. endet die Connecttour 9 C nach bzw. von Bregenz mit Anschluss an Tour 9.

▲ *Auf dem Rheindamm*

> [!] Auf der Connecttour 11 C den Personalausweis nicht vergessen!

Streckenbeschreibung

Startpunkt ist der **Bahnhof Rheineck.** Wer von den Gleisen kommt fährt links. Nach 300 m rechts (Autoschilder Richtung Heiden), nach 10 m wieder links über Zebrastreifen. Man folgt der Straße. Nach der Tankstelle kommt man unter einer **Brücke** hindurch, macht einen 180°-Schwenk auf die Brücke hoch und fährt dann durch den **Zoll** nach Österreich. Gleich nach der Zollstation rechts in einen

Rad- und Fußweg. Immer dem asphaltierten Weg folgen. Nach ca. 500 m kommt man zu einer Stoppstelle. Geradeaus weiter (Radschild ist versteckt).

Nach 1,5 km hat man kurz eine befahrene **Hauptstraße** zur Linken. Man fährt rechts in den **Wald** (Radschild <Bregenz> folgen). An einer Gabelung bei **Tennisheim** hält man sich rechts bzw. geradeaus (Radschild). Man kommt am Tennisplatz vorbei, um ein paar Kurven, dann an der Gabelung nach rechts (Radschild). Jetzt immer geradeaus auf dem **Rheinauweg.**

Zur Rechten taucht die **Zoll-/Grenzstation** von Hoechst auf.

 Anschluss zu Tour 11. Am Zoll in Hoechst auf den Rheindamm ist der alternative Start B zur Tour 11. Man fährt hier in Hoechst nach rechts durch den Zoll (natürlich auf dem Gehweg!), danach über die Rheinbrücke nach St. Margrethen. Hier die Neudorfer Straße überqueren, dann links, immer an dieser entlang, ca. 1 km lang aus dem Ort raus. Dann tauchen (Industriegebiet zur Rechten) einige markante Silos auf. Jetzt noch einige hundert Meter, dann folgt man dem Radschild <9/2> nach rechts. Weiter mit Streckenbeschreibung Tour 11 Punkt 2.

Weiter mit Connecttour 11 C zur Rheinbrücke von Fussach: Statt durch den Zoll zu fahren, überquert man die Straße (Vorsicht!) und fährt weiter geradeaus auf dem **Radweg am Alten Rhein** entlang. Man kommt an Radlergaststätte, Strandbad und Beachvolleyball-Feld vorbei.

Etwas später vor einer **Brücke** fährt man rechts (dem Radschild <Bregenz> folgen). Der Weg macht eine 180°-Schleife, der man folgt. Es geht jetzt am Rhein entlang bis kurz vor die **Rheinbrücke.**

Anhang

Service, Inline-Kurse und Vermietung am Bodensee

Bregenz

- **Sports-Team Ingrid Eberle.** Service/Werkstatt. Kaspar-Hagen-Str. 2 A, Tel. 0043 (05574) 4 30 23

Friedrichshafen

- **Trends & Co-Sport.** Werkstatt/Service. Inline-Kurse in der Regel wöchentlich samstags. Inlineskates mieten: 7,50 Euro pro Tag. Pauliner Str. 94 (etwas außerhalb Richtung Ravensburg), Tel. (07541) 7 50 51

Konstanz

- **„Fever" Sport Müller.** Werkstatt/Service. Inline-Kurse: meist mittwochs (ab 6 Teilnehmern) alle 2 bis 3 Wochen. Preis: zwischen 15 und 20 Euro. Augustiner Platz, Tel. (07531) 1 74 22.
- **Sport-Gruner.** Werkstatt/Service. Inline-Kurse (Work-Shops) zusammen mit dem Ski-Club: samstags, Preise: Schüler 15 Euro, sonst 20 Euro. Inlineskates mieten: 10 Euro pro Tag (24 Stunden). Neugasse 27 (Stadtmitte beim Parkhaus Augustinerplatz), Tel. (07531) 9 03 60.

Lindau

- **Tom Trend-Sport Shop.** Werkstatt/Service. Inline-Kurse: 2- bis 3-mal wöchentlich nach Vereinbarung und Wetter, ca. 12,50 Euro. Inlineskate-Verleih: 7,50 Euro pro Tag inkl. Schutzausrüstung, jeder weitere Tag 5 Euro. Bregenzer Straße 103 C, (neben Baumarkt Obi im Industriegebiet), Tel. (0382) 97 55 70.

156

Radolfzell

- **Höll-Sport.** Werkstatt/Service. Inlineskates mieten: 7,50 Euro inklusive Schutzausrüstung pro Tag. Höllturmpassage 5 (im Zentrum 100 m vom Marktplatz), Tel. (07732) 5 77 09.

Rorschach (Schweiz)

- **Sport-Arena.** Service/Werkstatt. Inline-Kurse nach Vereinbarung (aber sehr unkompliziert! Geht oft auch „gleich heute"). Preis 35 SF pro Stunde (teilt sich durch Teilnehmerzahl, bei 5 Teilnehmern zum Beispiel 7 SF pro Person). Skateverleih: 15 SF pro Tag. Hauptstraße 94, Tel. 0041 (071845) 34 36

Überlingen

- **Inter-Sport-Schmidt.** Werkstatt/Service. Inline-Kurse: Jeden Freitag 15.00 bis 18.00 Uhr. Inlineskates mieten: Je nach Marke zwischen 5 Euro und 10 Euro pro Tag. Ganzes Wochenende: 15 Euro. Münsterstraße 34, Tel. (07551) 22 33.

Tourismus-Informationsstellen

Deutschland

- **Internationale Tourismus GmbH,**
  Insel Mainau, 78465 Konstanz,
  Tel. (07531) 90 94-90,
  www.bodensee-tourismus.com
- **Internationaler Bodensee-Verkehrsverein,**
  Schützenstraße 8, 78462 Konstanz,
  Tel. (07531) 9 09 40,
  www.bodensee-tourismus.de

Anhang

- **Baden-Württemberg Tourismus-Marketing GmbH,** Esslinger Straße 8, 70182 Stuttgart, Tel. (0711) 2 38 58-0, www.tourismus-bw.de. Hier ist eine kostenlose Broschüre zu sämtlichen Campingplätzen des Landes erhältlich.

Schweiz

- **Schweiz Tourismus,** Postfach 160754, D-60070 Frankfurt, Tel. (00800) 10 01 00 30 (gebührenfrei), www.myswitzerland.com
- **Ostschweiz Tourismus,** Bahnhofstr. 1a, CH-9001 St. Gallen, Tel. (004171)2 27 37 37, www.ostschweiz-i.ch

Österreich

- **Österreich Werbung,** Mannheimerstr.15, D-60329 Frankfurt, Tel. (069) 24 24 25-0, www. austria-tourism.at
- **Bodensee-Rheintal-Tourismus,** Bahnhofstraße 14, A-6900 Bregenz, Tel. 0043 (574) 43 39 10

Öffentliche Verkehrsmittel und Auto

- **ADAC Geschäftsstelle Konstanz,** Wollmatinger Str. 6, 78467 Konstanz, Tel. (07531) 81 74 10
- **Bodenseeschiffsbetriebe,** 78462 Konstanz, Hafenstraße 6, Tel. (07531) 28 13 89
- **Bahnhof Konstanz** (Auskunft), Tel. (07531) 1 94 19

Infos zum Inline-Skating

Inline-Kurse (überregional)

- **www. K2-sports.de** (Hier findet man nicht nur die Produkte von K2 sondern auch Informationen zur Aktion Schutzengel, eine ADAC/K2 Gemeinschaftsaktion für mehr Sicherheit beim Inline-Skaten. Bundesweit werden Inline-Kurse unter fachkundiger Leitung in fast allen größeren Städten angeboten. Inliner-Einsteigern empfiehlt sich sehr, hier mal reinzuschauen. Zudem findet man die Adressen zahlreicher Skateschulen.)

Allgemeine Infos zum Skaten

- **www. skating.com** (allgemein)
- **www.iisa.org** (Die Webseite der International Inline Skating Association. Viele Adressen und Links rund um das Skaten.)
- **www.cyberskate.net** (Die Webseite bietet eines der umfangreichsten Adressen-Verzeichnisse rund um das Inline-Skaten: 11 Seiten Links!)

Inline-Reisen, Camps und Events

- **www.aok.de** (Die AOK führt oft Inline-Veranstaltungen durch. Z. B. gibt es es das Bodenseecamp „Skate the Lake", eine mehrtägige Inline-Tour rund um den Bodensee.

Inline-Verbände

- **D.I.V., Deutscher Inline-Skate Verband,** Bergstraße 20, 64342 Seeheim-Jugendheim, Tel. (06257) 96 22 36
- **DRIVe, Deutscher Rollsport- und Inline-Verband e.V.,**

Anhang

Sternengasse 5, 89073 Ulm,
Tel. (0731) 6 64 14

- **Österreichischer Rollsport Verband,**
  Kundmanngasse 24/3, A-1030 Wien,
  Tel. 0043 (1) 7 14 02 03
- **Schweizer Rollsport Verband,**
  Sihlbruggstraße 105, CH-6341 Baar,
  Tel. 0041 (41) 7 60 42 58

Inline-Hersteller

- **K2:** www.k2-sports.de
- **Salomon:** www.salomonsports.de
- **Rollerblade:** ww.rollerblade.com

Literaturtipps

Fahrtechnik, Material, Touren-Skating

- Peter Günther: **Inline-Skating.** Inline-Fahrtechnik
  für Einsteiger und Fortgeschrittene. Material und
  Ausrüstung mit den neuesten Trends auf dem In-
  line-Markt. Alles rund ums Tourenskaten (Stre-
  ckensuche, Inline-Regionen, Inline im Urlaub)
  und mehr. ISBN 3-8317-1047-3

Weiterführende Inline-Literatur

- Edith Gailus: **Action-Guide Inline-Skating.** Treff-
  punkte, Vereine, Events, Fachgeschäfte und
  Skatehallen in 100 deutschen Städten.
- Hoos / Baumgartner: **Richtig Fitness-Skating.**
  Für Sportler, Ausdauertraining und Wettkampf-
  vorbereitung (Intervalltraining, Krafttraining,
  Crosstraining). ISBN 3-405-15713-7
- Barry Publow: **Speed on Skates.** Das Standard-
  werk für alle Speedskater (und Wettkampf). Das

einzig brauchbare Buch im Hinblick auf den
Double-Push. Allerdings auf Englisch und recht
sportwissenschaftlich gehalten.
ISBN 0-88011-721-4

● Liz Miller: **Advanced Inline-Skating.** Ausführli-
che Präsentation aller Inline-Disziplinen vom
Down-Hill, Inline-Hockey und Inline-Basketball
bis zum Speed-Skating. Sehr viele Adressen und
Inline-Links weltweit! Das Buch ist leider auf Englisch. ISBN 0-07-135448-4

Praxis – die neuen handlichen Ratgeber

Wer seine Freizeit aktiv verbringt und moderne Abenteuer sucht, braucht spezielles Wissen, das in keiner Schule gelehrt wird. REISE KNOW-HOW beantwortet die vielen Fragen rund um Freizeit, Urlaub und Reisen in der Ratgeberreihe: „Praxis".

Fernreisen mit dem eigenen Fahrzeug
ISBN 3-8317-1009-0

GPS Outdoor-Navigation
ISBN 3-89416-762-9

Höhlen erkunden
ISBN 3-89416-768-8

Internet für die Reise
ISBN 3-8317-1010-4

Kanu-Handbuch
ISBN 3-89416-752-1

Küstensegeln
ISBN 3-89416-766-1

Reisefotografie digital
ISBN 3-89416-1049-X

Tauchen in kalten Gewässern
ISBN 3-89416-756-3

Trekking Handbuch
ISBN 3-89416-774-2

Wracktauchen weltweit
ISBN 3-8317-1045-7

Vulkane besteigen und erkunden
ISBN 3-89416-764-5

Jeder Titel:
Ca. 160 Seiten, robuste Fadenheftung,
Taschenformat 10,5 x 17 cm,
Register und Griffmarken
Weitere Titel siehe Seite 166.

Neu!
Landkarten von

In Zusammenarbeit mit der *Map Alliance* hat *Reise Know-How* jetzt das **World Mapping Project™** gestartet. Im Juni 2001 erschienen die ersten von über 200 neuen Landkarten, die die ganze Welt für Reisende abdecken. Alle Karten sind GPS-tauglich, mit Höhenlinien und -schichten und mit ausführlichem Ortsregister.

Anhang

<u>lieferbar:</u> ❑ Ägypten (1:1.25 Mio) ❑ Andalusien (1:650.000) ❑ Afghanistan (1:1 Mio) ❑ Australien (1:4.5 Mio) ❑ Cabo Verde / Kapverd. Inseln (1:150.000) ❑ Costa Brava (1:150.000) ❑ Costa del Sol (1:150.000) ❑ Cuba (1:850.000) ❑ Dominik. Republik (1:450.000) ❑ Gran Canaria (1:100.000) ❑ Guatemala, Belize (1:500.000) ❑ Indien, Nepal (1:2.9 Mio) ❑ Kroatien (1:325.000) ❑ Madeira (1:45.000) ❑ Mallorca (1:150.000) ❑ Malta, Gozo (1:50.000) ❑ Marokko (1:1 Mio) ❑ Mexiko (1:2.25 Mio) ❑ Namibia (1:1.25 Mio) ❑ Neuseeland (1:1 Mio) ❑ Polen (1:850.000) ❑ Sri Lanka (1:500.000) ❑ Südafrika (1:1.7 Mio) ❑ Teneriffa (1:120.000) ❑ Thailand (1:1.2 Mio) ❑ Tunesien (1:850.000) ❑ Deutsche Ostseeküste (1:250.000) ❑ Deutsche Nordseeküste (1:250.000) ❑ von Berlin zur Ostseeküste (1:250.000) ❑ Alpenvorland (1:250.000)
<u>ab Mai 2002:</u> ❑ Argentinien (1:2 Mio) ❑ Bali, Lombok, Komodo (1:150.000) ❑ Baja California (1:650.000) ❑ Bretagne (1:200.000) ❑ Dalmatien (1:175.000) ❑ Dänemark (1:300.000) ❑ Fischland, Darß, Zingst (1:30.000) ❑ Friaul, Venezien (1:150.000) ❑ Fuerteventura (1:60.000) ❑ Gardasee (1:70.000) ❑ Griechenland (1:650.000) ❑ Hawaii (1:200.000) ❑ Ibiza, Formentera (1:65.000) ❑ Irland (1:350.000) ❑ Island (1:425.000) ❑ Istrien (1:75.000) ❑ Kölns Umgebung (1:250.000) ❑ Korfu (1:65.000) ❑ Kreta (1:140.000) ❑ Ligurien, Piemonte (1:250.000) ❑ Libyen (1:2 Mio) ❑ Lanzarote (1:70.000) ❑ Malaysia (Ost:1:1.1 Mio, West: 1:800.000) ❑ Nord- und ❑ Südskandinavien (je 1:875.000) ❑ Normandie (1:200.000) ❑ Polens Norden (1:350.000) ❑ Pyrenäen (1:250.000) ❑ Rhodos (1:80.000) ❑ Ruhrgebiet (1:250.000) ❑ Rügen (1:50.000) ❑ Südfrankreich (1:425.000) ❑ Trinidad, Tobago (1:150.000) ❑ Umbrien (1:200.000) ❑ Venezuela (1:1.4 Mio) ❑ Yucatan (1:650.000)

Alle Karten haben gefaltet das Maß 10 x 25cm (aufgefaltet 60 x 92 cm), ein- oder beidseitig bedruckt und passen so in jede Westentasche, kein störender Pappumschlag. Der Preis: je € 7.90 [D].

<u>Jetzt bestellen:</u> **beim Buchhändler oder unter www.reise-know-how.de oder per Fax 0521-441047 (diese Seite kopieren und die gewünschte Karte ankreuzen). Zustellung innerhalb der BRD kostenlos!**
❑ Bitte halten Sie mich über den Fortgang des **World Mapping Project™** (30 weitere Karten in 2002) auf dem Laufenden.

Alle Reiseführer auf einen Blick

Reisehandbücher

Urlaubshandbücher

Reisesachbücher

Rad & Bike

Abenteuer
   Weltumradlung
Afrika, Bike-Abenteuer
Afrika, Durch
Agadir, Marrakesch
   und Südmarokko
Ägypten
Alaska ⋆ Canada
Algerische Sahara
Amrum
Amsterdam
Andalusien
Äqua-Tour
Argentinien mit
   Uruguay u. Paraguay
Äthiopien
Auf nach Asien!

Bahrain
Bali & Lombok
Bali, die Trauminsel
Bali: Ein Paradies
   wird erfunden
Bangkok
Barbados
Barcelona
Berlin
Borkum
Botswana
Bretagne
Budapest
Bulgarien

Cabo Verde
Canadas Westen, Alaska
Canadas Osten,
   Nordosten d. USA
Chile, Osterinseln
China Manual

Chinas Norden
Chinas Osten
Costa Blanca
Costa Brava
Costa de la Luz
Costa del Sol
Costa Rica
Cuba

Dalmatien
Dänemarks Nordseeküste
Dominikan. Republik
Dubai, Emirat

Ecuador und Galapagos
England – Der Süden
Erste Hilfe unterwegs
Europa BikeBuch

Fahrrad-Weltführer
Fehmarn
Föhr
Fuerteventura

Gardasee
Golf von Neapel,
   Kampanien
Gomera
Gran Canaria
Großbritannien
Guatemala

Hamburg
Hawaii
Hollands
   Nordseeinseln
Honduras
Hongkong, Macau,
   Kanton

Ibiza, Formentera
Indien – Der Norden
Indien – Der Süden
Irland
Island
Israel, palästinensische
   Gebiete, Ostsinai
Istrien, Velebit

Jemen
Jordanien
Juist

Kairo, Luxor, Assuan
Kalifornien, Süd-
   westen der USA
Kambodscha
Kamerun
Kanada ⋆ Canada
Kapverdische Inseln
Kärnten
Kenia
Korfu, Ionische Inseln
Krakau, Warschau
Kreta
Kreuzfahrtführer

Ladakh
   und Zanskar
Langeoog
Lanzarote
La Palma
Laos
Lateinamerika
   BikeBuch
Libanon
Libyen
Ligurien
Litauen
Loire, Das Tal der
London

Madagaskar
Madeira
Madrid
Malaysia, Singapur,
   Brunei

Reise Know-How

Mallorca
Mallorca, Reif für
Mallorca,
   Wandern auf
Malta
Marokko
Mecklenburg/
   Brandenburg:
   Wasserwandern
Mecklenburg-
   Vorpommern:
   Binnenland
Mexiko
Mongolei
Motorradreisen
München
Myanmar

Namibia
Nepal
Neuseeland
   BikeBuch
New Orleans
New York City
Norderney
Nordfriesische
   Inseln
Nordseeküste
   Niedersachsens
Nordseeküste
   Schleswig-Holstein
Nordseeinseln,
   Deutsche
Nordspanien
Nordtirol
Normandie

Oman
Ostfriesische
   Inseln
Ostseeküste
   Mecklenburg-
   Vorpommerns
Ostseeküste
   Schleswig-
   Holstein
Outdoor-Praxis

Panama
Panamericana,
   Rad-Abenteuer
Paris
Peru, Bolivien
Phuket
Polens Norden
Prag
Provence
Pyrenäen

Qatar

Rajasthan
Rhodos
Rom
Rügen und Hiddensee

Sächsische Schweiz
Salzburger Land
San Francisco
Sansibar
Sardinien
Schottland
Schwarzwald
   – Norden
Schwarzwald
   – Süden
Schweiz, Liechtenstein
Simbabwe
Singapur
Sizilien
Skandinavien
   – Norden
Slowenien, Triest
Spiekeroog
Sporaden,
   Nördliche
Sri Lanka
St. Lucia,
   St. Vincent,
   Grenada
Südafrika
Südnorwegen,
   Lofoten
Sylt
Syrien

Taiwan
Tansania, Sansibar
Teneriffa
Thailand
Thailand – Tauch-
   und Strandführer
Thailands Süden
Thüringer Wald
Tokyo
Toscana
Trinidad und Tobago
Tschechien
Tunesien
Tunesiens Küste

Umbrien
USA/Canada
USA/Canada BikeBuch
USA, Gastschüler
USA, Nordosten
USA – der Westen
USA – der Süden
USA – Südwesten,
   Natur u. Wandern
USA – Südwesten,
   Kalifornien,
   Baja California
Usedom

Venedig
Venezuela
Vereinigte Arab. Emirate
Vietnam

Welt im Sucher
Westafrika – Sahelländer
Westafrika – Küste
Wien
Wo es keinen Arzt gibt

Anhang

Alle Reiseführer auf einen Blick

Praxis

All Inclusive
Canyoning
Daoismus erleben
Dschungelwandern
Essbare
  Früchte Asiens
Fernreisen
  auf eigene Faust
Fernreisen mit dem
  eigenen Fahrzeug
Fliegen ohne Angst
GPS Outdoor-
  Navigation
Hinduismus erleben
Höhlen erkunden
Inline-Skaten
  Bodensee
Inline Skating
Islam erleben
Kanu-Handbuch
Kreuzfahrt-
  Handbuch
Küstensegeln

Orientierung
  mit Kompass
  und GPS
Reisefotografie
Reisefotografie digital
Reisen und Schreiben
Respektvoll reisen
Richtig Kartenlesen
Schutz vor Gewalt
  und Kriminalität
Schwanger reisen
Selbstdiagnose und Be-
  handlung unterwegs
Sicherheit im und
  auf dem Meer
Sonne, Wind
  und Wetter
Survival-Handbuch,
  Naturkatastrophen
Tauchen in kalten
  Gewässern
Tauchen in warmen
  Gewässern
Transsib – von Moskau
  nach Peking
Trekking-Handbuch
Vulkane besteigen
Wein Guide
  Deutschland
Wildnis-Ausrüstung
Wildnis-Backpacking
Wildnis-Küche
Winterwandern
Wracktauchen

Edition RKH

Burma – Reisen
  im Land der Pagoden
Finca auf Mallorca
Geschichten aus dem
  anderen Mallorca
Goldene Insel
Mallorquinische Reise
Please wait to be seated!
Salzkarawane, Die
Schönen Urlaub!
Südwärts durch
  Lateinamerika

KulturSchock

Ägypten
Brasilien
China
Golf-Emirate, Oman
Indien
Iran
Islam
Japan
Marokko
Mexiko
Pakistan
Russland
Spanien
Thailand
Türkei
Vietnam

Register

A

Aachried 81
ABEC 22
Allensbach 18, 62
Alpensee 122
Altbodman 53
Altenrhein 111, 118
Altnau 105
Altstätten 144
Appenzellerland 110
Arbon 110
Ausgangsort 17
Ausleihe 15
Ausrüstung 24

B

Bad Ragaz 145, 151
Bad Schachen 135
Baden 16
Bahnanlagen 28
Begleitkarte 16
Bekleidung 25
Berlingen 93, 96
Birnau 51
Bodensee 16
Bodensee, Entstehung 16
Bodenseeufer, Schweizer 100
Bodenseeumrundung 127
Bodman 53
Böhringen 86
Bottighofen 104
Bregenz 122
Bregenzer Bucht 121

Anhang

Bremsen 35
Buch 114
Buchs 142, 151
Busse 19

C, D

Campingplatz 18
Deutscher Inline-Skate Verband 31
Dix, Otto 82

E

Einsteiger 15
Eriskircher Ried 131, 133
Ermatingen 93
Eschenz 94
Europabrücke 123

F

Fahrbahn, Schweiz 29
Fähren 20
Falltechnik 35
Ferienorte 17
Fischbach 45
Fjord 91
Friedrichshafen 41, 127
Fussach 127, 152
Fuß-Rad-Kombiweg 27
Fußgänger 27

G

Gaienhofen 85, 87
Gefahrenquellen 31
Gehweg 26
Geschwindigkeit 27

Gnadensee 61
Gottlieben 93
Grenze, Schweiz 100
Grenze, Österreich 125
Grundkenntnisse 18
Gundholzen 84
Güttingen 106

H

Haftpflichtversicherung 30
Hagnau 42, 47
Hard 128
Hardboot 21
Härte der Rollen 23
Heelstopp 38
Hersteller 160
Heidiland 145
Hemmenhofen 87
Höchstgeschwindigkeit 27
Hoechst 152
Höri 80
Horn 81, 116
Hundertwasserhaus 111

I

Informationsstellen 158
Inline-Skate Verband 31, 159
Inline-Kurse 18, 158
Inline-Szene 14
Iznang 83

K

Kilchberg, Schloss 41
Kinder 34
Kloster Reichenau 72

Anhang

Konstanz 63
Kreuzlingen 100
Kreuzungen 32
Kurse 18, 156

L

Lager 23
Landkarte 16
Landschlacht 105
Länge, Bodensee 14
Langenargen 132
Lenk, Peter 53
Liechtenstein 144
Lindau 18, 123, 131
Literaturtipps 160

M

Maienfeld 145
Mammern 95
Mannenbach 93
Marienschlucht 53
Markelfingen 65
Material 21
Maurach, Schloss 51
Meersburg 42
Mittelzell 78
Montfort, Schloss 132, 140
Moos 83
Mostindien 101
Münsterlingen 104

N

NSG Aachried 81
Nonnenhorn 137
Nußdorf 56

O

Obermaurach 55
Oberriet 150
Obersee 61

P

Personalausweis 15
Pfänder 122
Pipeline 122
Pizol 145
Protektoren 31

R

Radolfzell 50, 62, 82
Radstreifen 28
Radwege 28-29
Regen 25, 33
Reichenau 63, 71
Rheinbrücke Fussach 152
Rheindamm 146
Rheindelta 111, 146
Rheineck 118, 148, 152
Rheinkanal 142
Rheintal 91, 144
Rollen 21
Rollengröße 22
Romanshorn 101, 107, 109
Rorschach 110
Rucksäcke 25

S

Säntis 112
Sargans 144, 151

Anhang

Scherzingen 104
Schiffsverbindungen 20
Schloss Kilchberg 41
Schloss Maurach 51
Schloss Montfort 132, 140
Schrauben 24
Schutzausrüstung 24, 31
Seedorf 105
Seefelden 55
Seerhein 61
Service 156
Sipplingen 52
Skaterschleudern 33
Softboots 21
Softskates 21
Spacer 23
St. Margrethen 148
Staad 117
Startpunkte 14
Steckborn 92, 96
Stein am Rhein 82, 87, 90
Steinach 116
Straßen 26, 29
StVO 26
StVO in Österreich 29
StVO in Schweiz 29
Szene 14

T

Teerstreifen 31
Thurgau 99
Tiefe, Bodensee 16
Tourenstartpunkte 14
Tourismus 16
Touristen-Information 157
Turnschuhe 24

U

Überlingen 17, 47, 52
Uferlänge 16
Uhldingen 50
Umrundung 127
Unfallversicherung 30
Unterarmschutz 31
Untersee 90
Unteruhldingen 47, 50
Uttwil 102, 106

V

Vaduz 144, 151
Verbände 159
Verbandszeug 24
Verkehrsmittel 19, 160
Verkehrsverordnung, Schweizer 29
Verkehrsverordnung, Österreich 29
Vermietung 15, 156
Versicherungsschutz 26, 30
VRV 29

W

Walzenhausen 112
Wangen 88
Wartung 21, 23
Wasserburg 132
Werdenberg 144
Werkstätten 16

Z

Zeller See 61
Zollstationen 15
Züge 19

Anhang

Über den Autor

Peter Günther, geboren 1966, studierte Germanistik und Romanistik in Tübingen. Heute ist er Leiter einer Agentur und Autor zahlreicher Bücher zum Thema Inline-Skaten.

Seit vielen Jahren beschäftigt er sich intensiv mit den verschiedenen Formen des Skatens. Wann immer Zeit und Wetter es zulassen, steht er auf Inline-Skates und war dabei in vielen Ländern in Europa und USA auf Tour. Ihn begeistert an dieser Sportart, dass man bei den rhythmisch-gleitenden Bewegungen seine Umgebung intensiver wahrnimmt und so Fitnesstraining mit dem Erkunden und Erleben von Landschaft und Natur verbinden kann.

Er unternimmt keine Reise ohne Inliner im Gepäck, denn fast immer ergeben sich auf Skatetour ungeahnte Chancen, Land und Menschen näherzukommen.

Der Autor war an der Ausarbeitung zahlreicher Streckennetze für Inline-Skater beteiligt und lebte längere Zeit am Bodensee.